I0145773

www.ingramcontent.com/pod-product-compliance
Lightning Source LLC
Chambersburg PA
CBHW060317030426
42336CB00011B/1088
9780995833890

از همین الآن! ...

تقدیم به ....

از طرف ....

سریال کتاب: P 2045110003

سرشناسه : Bahrampoor 2020

عنوان: از شنبه

زیر نویس عنوان: راهنمای علمی و کاربردی برای رهایی از اهمال کاری و تنبلی تا رسیدن به موفقیت

نویسنده: محمد پیام بهرام پور

شابک کانادا: ISBN: 978-0-9958338-9-0

موضوع: خودشناسی، ارتباطات، بیزینس

متا دیتا: Success, Self Help, Business, Negotiation

مشخصات کتاب: Paperback

تعداد صفحات: ۲۲۶

تاریخ نشر در کانادا: فوریه ۲۰۲۰

تاریخ نشر اولیه: 2018

Kidsocado Publishing House

خانه انتشارات کیدزوکادو

ونکوور، کانادا

تلفن : +1 (833) 633 8654

واتس آپ : +1 (236) 333 7248

ایمیل : info@kidsocado.com

وبسایت انتشارات: https://kidsocadopublishinghouse.com

وبسایت فروشگاه: https://kphclub.com

سلام هم زبان

دستیابی ایرانیان مقیم خارج از کشور به کتاب های بسیار متنوع و جدیدی که به تازگی در ایران نگاشته و چاپ می شود، محدود است. ما قصد داریم این خدمت را به فارسی زبانان دنیا هدیه دهیم تا آنها بتوانند مانند شما با یک کلیک در آمازون یا دیگر انتشارات آنلاین کتاب‌هایی در زمینه های مختلف را خریداری کنند و درب منزل تحویل بگیرند.

خانه انتشارات کیدزوکادو تحت حمایت مجموعه آموزشی کیدزوکادو این افتخار را دارد تا برای اولین بار کتاب‌های با ارزش فارسی را که با زبان فارسی نگارش شده است از شرکت های انتشاراتی بزرگ آن لاین مانند آمازون و ایی بی بارنز اند نابل و هم چنین وبسایت خود انتشارات در اختیار ایرانیان مقیم خارج از ایران قرار دهد.

از اینکه توانستیم کتابهای جدید و با ارزشی که به قلم عالی نویسنده گان و نخبگان خوب ایرانی نگاشته شده است را در اختیار شما قرار دهیم بسیار احساس رضایتمندی داریم

این کتاب ها تحت اجازه مستقیم نویسنده و یا انتشارات کتاب صورت گرفته و درآمد حاصله بعد از کسر هزینه‌ها، به نویسنده پرداخته می شود.

خانه انتشارات کیدزوکادو در قبال مطالب داخل کتاب هیچگونه مسئولیتی ندارد و صرفاً به عنوان یک پخش کننده است.

و شما خواننده عزیز ما را با گذاشتن نظرات در وب سایتی که کتاب را تهیه کرده‌اید به این کار فرهنگی دلگرمتر کنید. از کامنتی که در بر گیرنده نظرتان نسبت به کتاب است عکس بگیرید و برای ما به این ایمیل بفرستید از هر ۴ نفری که برایمان کامنت می فرستند، یک نفر یک کتاب رایگان دریافت می‌کند.

ایمیل : info@kidsocado.com

از شنبه

محمد پیام بهرام پور

راهنمای علمی و کاربردی برای رهایی از اهمال کاری و تنبلی، تا رسیدن به موفقیت

فهرست مطالب

مقدمه

اول از همه باید به شما تبریک بگویم! چون تغییر کردن جرأت می‌خواهد و شما با تهیه این کتاب نشان دادید که بسیار توانمند و شجاع هستید. تقریباً مطمئنم که برای هر کسی، زمان‌هایی پیش آمده که تصمیم بگیرد در یک فرصت مناسب، کار مشخصی را انجام دهد. مثلاً:

- از این مهمانی به بعد رژیم غذایی خاصی را شروع می‌کنم.
- از فردا تصمیم من این است که فلان برنامه را داشته باشم.
- از هفته بعد به باشگاه ورزشی خواهم رفت.
- آخر ماه بالاخره تکلیفم را با رئیسم مشخص می‌کنم.
- از امسال می‌خواهم شغلم را تغییر دهم.
- سر فرصت اتاقم را مرتب می‌کنم.
- و از شنبه منظم می‌شوم.

یا شرایطی داریم که اصلاً دوستش نداریم. مثلاً:

- زمان هایی وجود دارد که حس می‌کنید بیش از حد، کاری را پشت گوش می‌اندازید؟
- اغلب، قبل از یک کار مهم احساس خستگی می‌کنید؟
- در انجام کارهایی که دوستشان ندارید، تنبلی می‌کنید؟

مسأله اینجاست که چرا آن روز طلایی که قرار است همه این اتفاق‌ها رخ بدهد، نمی‌آید؟ و هیچ شنبه‌ای با شنبه‌های دیگر فرقی ندارد، هیچ نوروزی باعث تغییر

جدیدی نمی‌شود و همه چیز از انتهای فروردین، مانند سال گذشته است.

اصلاً چرا هیچگاه موعد تغییرات فرا نمی‌رسد؟! به نظر می‌آید بر خلاف فیلم‌ها، افسانه‌ها و داستان‌های موفقیت، روز خاصی در دنیا وجود ندارد و یا حداقل این روزها برای ما پیدا نمی‌شود!

حقیقت این است که اکثر انسان‌ها درخواست عجیبی از این دنیا دارند!

اکثر انسان‌ها می‌خواهند به رفتارهای قبلی خود ادامه دهند، اما نتایج متفاوتی بگیرند!

و از آنجایی که این موضوع برای اکثر ما نتایج مخربی در پی داشته و باعث اهمال‌کاری و تنبلی شده است، در این کتاب قصد داریم در مورد آن با هم صحبت کنیم که چطور اهمال‌کاری، تنبلی و پشت‌گوش‌اندازی را در زندگی خود مدیریت کنیم؟

سؤالی که بسیاری از ما را آزرده خاطر می‌کند، این است که:

آیا ۳ یا ۵ سال پیش فکر می‌کردیم روزی در این شرایط یا موقعیت فعلی خواهیم بود، یا اینکه فکر می‌کردیم شرایط بسیار بهتری خواهیم داشت؟

معمولاً اکثر انسان‌ها نسبت به شرایط فعلی خود رضایت ندارند و احساس می‌کنند که باید جایگاه بالاتری را کسب می‌کردند. یکی از اصلی‌ترین دلایل این موضوع اهمال‌کاری است.

حال با توجه به این توضیحات از شما می‌خواهم سؤال زیر را با دقت تمام پاسخ دهید:

به این فکر کنید که دوست دارید ۳ تا ۵ سال دیگر، در چه موقعیتی باشید؟ و ببینید که آیا با این شرایط امکان‌پذیر است؟

آیا این کتاب به درد شما می‌خورد؟

اگر می‌خواهید بدانید آیا این کتاب برای خریدن و یا خواندن مفید است یا خیر، پیشنهاد می‌کنم حتماً این قسمت را مطالعه کنید.

اگر پاسخ شما به یکی از پرسش‌های ابتدای کتاب مثبت است و زمان‌هایی

وجود دارد که از انجام کارهای مهم طفره می‌روید، یا اینکه به انجام کارهای مهم نمی‌رسید، و از همه مهم‌تر اینکه نسبت به این شرایط احساس بدی نیز دارید، باید بگوییم که این کتاب دقیقاً برای شما نوشته شده است. اگر شرایط غیر از این است، احتمالاً کتاب‌های مفیدتری برای شما وجود خواهد داشت!

اگر این سؤال‌ها ذهن شما را درگیر کرد و حس کردید که برای ایجاد تغییر، نیاز به یک برنامه دارید، خواندن این کتاب به شما کمک خواهد کرد. اگر نسبت به این شرایط ناراضی نیستید و برنامه خاصی هم برای خود ندارید، پیشنهاد می‌کنم این کتاب را ببندید و به کارهای دیگری مشغول شوید.

اگر پاسخ شما مثبت است با ما همراه باشید تا تغییرات فوق‌العاده‌ای را با هم رقم بزنیم.

ممکن است این نگرانی را داشته باشید که آنقدر اهمال‌کار هستید که این کتاب را تا انتها نخوانید! نگران نباشید، در فصل بعد دقیقاً در مورد این صحبت می‌کنم که چه کار کنیم که حداقل این کتاب را تا انتها بخوانیم و در طی این مسیر، تنبلی نکنیم.

امیدوارم پر انرژی باشید و بدانید که اگر بخواهید می‌توانید به تک تک اهدافتان دست پیدا کنید.

محمد پیام بهرام‌پور
تهران ۱۳۹۴

خدمات آنلاین این کتاب

از آنجایی که می‌خواستم محتوای این کتاب بسیار تعاملی باشد و شما خواننده گرامی از فیلم‌ها و سایر رسانه‌های یادگیری بهترین استفاده را ببرید، صفحه‌ای اختصاصی برای این کتاب در وب‌سایتم در نظر گرفته‌ام که دنیایی از دانلودها و سایر مطالب آموزشی در آن قرار دارد.

همین الان برای دریافت هدیه خود
و مشاهده سایر دانلودهای رایگان
به صفحه زیر مراجعه کنید:

www.bah.red/proc

کلمه عبور: ۱۲۶۰

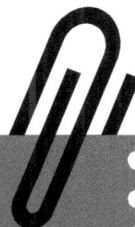

فصل اول

آیا من این کتاب را تا آخر می‌خوانم؟!

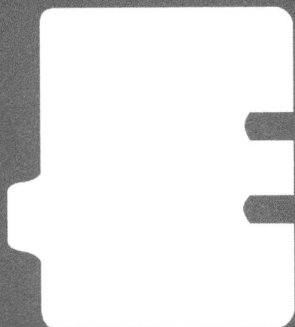

این طور به نظر می‌رسد که اولین گام برای مقابله با اهمال‌کاری این است که این کتاب را به پایان برسانید. به همین جهت به شما تبریک می‌گویم که یک تصمیم بزرگ گرفته‌اید! این کار از همان کارهایی است که خیلی‌ها حاضر به انجام آن نیستند. (می‌دانید چند نفر این کتاب را دیده‌اند و چند صفحه از آن را ورق زده‌اند و از خرید آن منصرف شدند؟) اینکه شما برای یادگیری خودتان سرمایه‌گذاری کردید و برای رفع اهمال‌کاری و رسیدن به موفقیت برای خودتان برنامه‌ریزی کرده‌اید، فوق‌العاده است.

در این فصل از کتاب هدفمان این است که یاد بگیریم چطور یک کار را تا انتها برسانیم. می‌خواهم تکنیک‌های کوچکی که درد اهمال‌کاری را کم می‌کنند به شما بگویم. البته آنها به صورت مُسکّن عمل می‌کنند و از بین‌برنده ریشه این مشکل نیستند. برای حل این مشکل لازم است تا پایان، گام به گام همراه من باشید.

هدیه خود را از نویسنده کتاب بگیرید

یکی از اصلی‌ترین دلایلی که باعث می‌شود ما در خواندن کتاب، اهمال‌کاری کنیم این است که با مهارت‌های مطالعه حرفه‌ای آشنایی نداریم و از همین رو برای شما عزیزان فایل راهنمایی قرار داده‌ام که چطور با مطالعه اصولی بتوانید بسیار بهتر عمل کنید. برای دریافت هدیه خود به آدرس اینترنتی در صفحه ۱۶ کتاب مراجعه کنید.

این کتاب را در دسترس قرار دهید

یکی از بهترین کارهایی که می‌توان انجام داد که احتمال تا انتها مطالعه شدن این کتاب بیشتر شود، این است که تا حدّ ممکن آن را در دسترس قرار دهید.

فایل PDF این کتاب را بر روی موبایل و لپ‌تاپ و کامپیوتر خود داشته باشید

و هر موقع که حتی دقیقه‌ای حوصله مطالعه داشتید، این کتاب را مطالعه کنید.

تکنیک پنج دقیقه

گام دوم، تکنیک ۵ دقیقه است! این تکنیک برای شخص من معجزه کرده و نتایج فوق‌العاده‌ای از آن گرفته‌ام. این تکنیک می‌گوید:

شما اگر کاری را دوست ندارید،
یا حتی حس و حال انجام آن را ندارید و ...
فقط تصمیم بگیرید که پنج دقیقه آن کار را انجام دهید
و بعد از ۵ دقیقه هم اگر دوست داشتید، کار را قطع کنید.

معمولاً وقتی ۵ دقیقه شروع می‌شود، ما آن را به سادگی تمام نمی‌کنیم. در حقیقت، بسیاری از مشکلات ما، در شروع کردن است. پس اگر می‌بینید حال ندارید، تصمیم بگیرید که فقط ۵ دقیقه از کتاب را بخوانید. از آنجا که مباحث کوتاه هستند، در نتیجه خیلی راحت خوانده می‌شوند. پس تصمیم بگیرید یک قسمت کوچک از آن را مطالعه کنید. (بهتر نیست به جای قضاوت در مورد این ترفند آن را امتحان کنیم؟!)

توقع درستی داشته باشید

داشتن توقع زیاد، مشکلات زیادی ایجاد می‌کند. اینکه توقع داشته باشید بلافاصله بعد از خواندن این کتاب یک معجزه برایتان رخ دهد، یک توقع اشتباه است و باعث می‌شود خودتان با خودتان بد شوید. (و البته به من هم چند فحش آبدار بدهید!) اهمال‌کاری عادتی است که در طول مدت طولانی در ما شکل گرفته، بنابراین اگر بخواهیم یکباره آن را از بین ببریم، چیزی شبیه آن قرص‌های لاغری می‌شود که می‌گویند یک دانه بخورید و بیست کیلو لاغر شوید! البته ما می‌دانیم که فقط باعث از بین رفتن ما خواهد شد.

باید این را بدانیم که آنچه در طول زمان مشخصی در ما شکل گرفته و بخشی از شخصیت ما شده است، بعید به نظر می‌رسد که ظرف مدت کوتاهی در ما تغییر کند. برای همین طبیعی به نظر می‌رسد که برای تغییر کمی صبور بوده و توقع‌های نا بجا و دور از واقعیت از خودمان نداشته باشیم.

برای درک درست این واقعیت که آنچه در ما شکل گرفته و درونی شده بسیار قدرتمند است، پیشنهاد می‌کنم حتماً فیلمی را که برای شما در وب‌سایت قرار داده‌ام، مشاهده کنید:

www.bah.red/proc

کلمه عبور: ۱۲۶۰

همان طور که در فیلم مشاهده کردید، برای تغییر رفتارهایی که به آنها عادت کرده‌ایم و به گونه‌ای در ما درونی شده و یک مسیر عصبی در ذهنمان شکل داده، نیاز به تمرین مداوم داریم. امیدوارم شما این تمرین‌های کوتاه، اما مداوم را پی بگیرید.

برای خودتان جایزه تعیین کنید

یکی از بهترین روش‌ها برای انجام کاری که احتمال انجام ندادن آن وجود دارد، این است که برای خودمان یک جایزه تعیین کنیم. مثلاً بگویید اگر من این ده صفحه کتاب را خواندم، فلان کار را که دوست دارم انجام می‌دهم. این جایزه‌ها می‌تواند انواع مختلفی داشته باشد:

می‌تواند بازی‌کردن با موبایل، زنگ زدن به یک دوست قدیمی یا خوردن یک خوراکی خوشمزه باشد.

ببینید چه چیزی برایتان جالب است و چه امکاناتی دارید و با خودتان قرار بگذارید که اگر این کار را تا زمان مشخص شده انجام دادید، آنگاه به عنوان جایزه، کار x را انجام خواهم داد. حال این کار می‌تواند یک خواب نیم‌روزه یا هر کار دیگری باشد که حس می‌کنید برایتان خوشایند است.

برای مثال من آرامش جزیره کیش را خیلی دوست دارم. به همین دلیل، هر گاه می‌خواهم کاری را انجام دهم که شاید انجام دادن آن خیلی جذاب نباشد، از جزیره کیش استفاده می‌کنم! مثلاً بعد از اتمام این کتاب، احتمالاً یک هفته‌ای به این جزیره زیبا خواهم رفت و امیدوارم آنجا همدیگر را ملاقات کنیم. (البته باید بگویم که اصلاً نوشتن این کتاب برای من خستگی یا ناراحتی نداشته و با علاقه خاصی نوشته شده است و این جایزه‌ای که برای خود تعیین کرده‌ام، برای سریع‌تر انجام دادن آن است.)

او شما را برای همیشه تنها گذاشته است!

نباید منتظر او باشـید، او دیگر هیچ وقت نمی‌آید! هیچ وقت بهترین زمان وجود ندارد که شما کاری را انجام دهید! حوصله برای همیشه ما را تنها گذاشته است و مطمئن باشید اگر چنین زمان‌هایی وجود داشتند، خیلی زودتر، خیلی کارها را انجام می‌دادیم. بنابراین منتظر حوصله نباشید! حتی اگر حوصله نداشتید، بگویید من فقط پنج دقیقه این کار را انجام می‌دهم.

قولتان را مکتوب کنید

یکـی از قدرتمندترین روش‌ها این اسـت که برنامه اجرایی خود را بنویسـید و جلوی چشـم‌تان قرار دهید. مثلاً می‌توانید روی کاغذ بنویسـید: من فصل اول این کتاب را تا هفته آینده تمام می‌کنم یا این بخش را امروز تا ساعت ۶ عصر خواهم خواند. بعد کاغذ را در محل‌های مختلف بچسـبانید. مطمئن باشـید که دیدن این نوشته‌ها روی شما اثر دارد.[1]

اینجانب..............................تعهد می‌دهم برای موفقیت خودم این کتاب را حتماً مطالعه نمایم. امضاء

به خودتان اجبار نکنید!

هیچگاه به خودتان نگویید من «باید» این کتاب را بخوانم، بلکه بگویید:

«من خیلی دوست دارم این کتاب را بخوانم و خواهم خواند.»

همین جمله قطعاً کمک خوبی به ما خواهد کرد. (امتحانش کنید!)

۱. البته اگر در شرایطی زندگی می‌کنید که ممکن است اطرافیانتان، شما را مسخره کنند و یا جدی نگیرند، شاید باید روش جایگزینی برای این کار پیدا کنید.

به کس دیگری قول دهید

به یک نفر دیگر قول دهید که این کار را انجام می‌دهید. این کار می‌تواند خیلی به شـما کمک کند. مثلاً به یک دوسـت قول دهید این کار را انجام می‌دهید. اگر کسی را ندارید که به او قول دهید، می‌توانید با مجموعه ما تماس بگیرید. با تلفن ۰۲۱۴۴۶۲۶۱۴۰ بـا همکاران مجموعه می‌توانید هماهنگ کنید و به آنها بگویید که: به خودتان قول دادید تا تاریخ .... کتاب را بخوانید. همکاران ما برای پیگیری این موضوع، در آن تاریخ با شما تماس خواهند گرفت.

عوامل حواس‌پرتی را از خود دور کنید

یکی از بزرگ‌ترین مشکلات ما در مورد اجرای درست کارها، این است که دید درستی نسبت به انجام همزمان چند کار نداریم. حقیقت این است که مغز ما توان پردازش محدودی دارد و اگر به هر دلیلی از آن بخواهیم که چند کار را به صورت همزمان انجام دهد، بدون شک بازدهی آن به شدت پایین خواهد آمد.

تقریبـاً مطمئنم کـه ۹۰ درصد افرادی که این کتاب را می‌خوانند، کمتر از یک متر با موبایلشان فاصله دارند! آیا شما نیز جزء آن ۹۰ درصد هستید؟

موبایل‌هـا (و شـبکه‌های اجتماعـی مرتبـط با آن) یکـی از اصلی‌تریـن عوامل

حواس‌پرتی ما و به هم خوردن تمرکزمان هستند. از شما خواهش می‌کنم که در هر کاری – نه فقط مطالعه این کتاب – اجازه ندهید که هر کسی در هر زمانی بتواند تمرکز شما را به هم بزند.

بنابراین زمانی که کار مهمی – مانند مطالعه – انجام می‌دهید، حتماً موبایل خود را کاملاً بی‌صدا کنید و دور از دسترس قرار دهید.

🐌 از زمان‌های مرده استفاده کنید

همین الان که مشغول نوشتن این بخش از کتاب هستم، می‌دانید که کجا قرار دارم؟ در هواپیما به سمت بندرعباس در حرکتم و سه روز سخنرانی خواهم داشت. پرواز تهران – بندرعباس حدود ۲ ساعت طول می‌کشد و جالب است که اکثر افرادی که همین الان در نزدیکی من هستند، هیچ کاری ندارند و به در و دیوار و یا به سایر مسافرین نگاه می‌کنند!

این فرصت ۲ ساعته در هواپیما به نظر من واقعاً فوق‌العاده است. چون نه کسی مزاحم شما می‌شود، نه تماسی دارید و نه با کسی صحبت می‌کنید. بسیاری از کتاب‌های من دقیقاً در همین زمان‌های مرده که اکثر افراد از آن هیچ بهره‌ای نمی‌برند، نوشته شده است.

از شما خواهش می‌کنم فهرستی از زمان‌های مرده تهیه کنید و ببینید در چه زمان‌هایی می‌توانید یادگیری بهتری داشته باشید؟ (در این مورد در بخش مدیریت زمان راهکارهایی ارائه کرده‌ایم)

🐌 همین حالا اقدام کنید

نکته بسیار مهم کتاب از شنبه این است که باید در نظر داشته باشیم اگر فکر کنیم با خواندن این گام‌ها قرار است نتیجه‌ای رخ دهد، در اشتباه هستیم و متأسفانه هیچ نتیجه‌ای به دست نمی‌آید...

اگر دنبال نتیجه هستید، باید این گام‌ها را اجرا کنید. یعنی تک‌تک کارهایی را که از شما خواسته شده است انجام دهید تا نتیجه بگیرید. در صورتی که این اقدام‌ها را انجام ندهید، مطمئن باشید که هیچ اتفاق، معجزه یا رویداد خاصی رخ نخواهد داد و فقط اطلاعات‌تان بیشتر شده نه مهارت‌تان.

اقدامك:

برنامه خود را برای مطالعه این کتاب بنویسید و مشخص کنید که چه زمان‌هایی می‌توانید این کتاب را مطالعه کنید.

نمونه: صبح ساعت ۶ از خواب بیدار می‌شوم و قبل از اینکه بقیه بیدار شوند، ۲۰ صفحه از کتاب را مطالعه می‌کنم.
در انتهای شب، ساعت ۱۰:۳۰ تا ۱۱ نیز به مطالعه می‌پردازم.

هشـدار: به نظر می‌رسـد، دنیا و ذهن ما به گونه‌ای طراحی شـده که در مقابل تغییر، مقاومت شدیدی نشان می‌دهد. به همین دلیل موقعی که تصمیم داریم رژیم بگیریم، به میهمانی دعوت می‌شویم و ....
پس، از همین ابتدا آماده مقابله با مشکلات باشید!

چگونه این کتاب را بخوانیم؟

همان طـور که می‌دانید یکی از اصلی‌ترین دلایل اهمال‌کاری این اسـت که ما روش انجام یک کار را به درستی نمی‌دانیم. برای همین، شاید لازم باشد که حتماً در مورد این موضوع صحبت کنیم که چطور می‌توان این کتاب را مطالعه کرد؟

اولین نکته این است که باید بدانیم ما در حال روزنامه خواندن نیستیم! ما معمولاً روزنامه‌ها را به صورت مروری و با سـطح توجـه کم مطالعه می‌کنیم و واقعاً بعید است به این فکر بیفتیم که یک بار دیگر روزنامه ۶ ماه پیش را مطالعه کنیم!

همچنین باید بدانیم که اینجا مسابقه کتابخوانی نداریم و قرار نیست این کتاب هرچه زودتر تمام شود.

ممکن است شما این کتاب را ظرف یک هفته بخوانید یا ظرف یک سال! بسته به اینکه شما در چه جایگاهی قرار دارید، هر دو حالت می‌تواند ایده‌آل باشد.

اگر می‌بینید که باید تغییرات زیادی در خود اعمال کنید، شـاید لازم باشـد که سرعت مطالعه را کم کنید و بیشتر روی تغییرات تمرکز نمایید.

این کتاب به هیچ دردی نمی‌خورد!

تقریباً همه ما اولین کتاب‌های زندگیمان به دوران مدرسه مربوط است، و برخی شـاید آخرین کتاب خواندن‌هایشـان هم به همان دوران مربوط می‌شـود! در این دوران، یـاد نگرفته‌ایم که واقعاً چطور باید یک کتاب را بخوانیم و از آن اسـتفاده کنیم.

بسیاری از ما، هنوز بر طبق عادت دوران مدرسه هستیم و وقتی کتابی برای علاقه خودمان می‌خوانیم و قصد داریم از آن اسـتفاده کنیم، به گونه‌ای آن را می‌خوانیم که انگار قرار اسـت فردا آن را امتحان دهیم. این در حالی اسـت که ما کتاب را می‌خوانیم تا تغییر کنیم.

بنابراین وقتی این کتاب را می‌خوانید، قرار نیست که زیر تعاریف خط بکشید و تعداد عوامل را حفظ کنید! بلکه هدف این است در هر جایی از زندگی خودتان که صلاح دانستید تغییری ایجاد شود، کنار آن بخش از کتاب مثلاً بنویسید:

«حواسم باشه من خیلی کامل‌گرا هستم!»

قرار نیست این کتاب سالم بماند! شما باید حسابی با این کتاب درگیر شوید. زیر مطالب کاربردی‌اش خط بکشید. نکات مهمی را که به ذهنتان می‌رسد، حاشیه‌نویسی کنیـد و هر جایی که با آن موافقید و یـا مخالفید، اعلام کنید! آنجایی که از خودتان

راضی هستید و درست رفتار کردید، شکلک‌های ☺ بکشید و گاهی هم ☹

🐌 چرا هر چه یاد می‌گیرم به دردم نمی‌خورد؟

شاید برای شما نیز این سؤال پیش بیاید، چرا من که در سمینارهای مختلف شرکت کرده، دوره‌های زیادی دیده و کتاب‌های گوناگونی خوانده‌ام، هنوز تغییراتی در من شکل نگرفته و اگر هم تغییری ایجاد شده، بسیار زودگذر بوده است؟

برای همین لازم است در ابتدای این کتاب، نکاتی را برای استفاده بهتر شما عزیزان ذکر کنم.

به همین منظور در سایتم دوره‌ای برای شما طراحی کرده‌ام که کاملاً رایگان است و در چند فیلم آموزشی که اختصاصاً برای شما ضبط شده، خواهم گفت چطور از آموزش‌هایی که می‌بینیم، بهترین استفاده را ببریم و اجازه ندهیم اثر آنها فوراً از بین برود. شما برای شرکت در این دوره رایگان، می‌توانید به لینک زیر مراجعه کنید:

www.bah.red/gift

رمز عبور: useit

🐌 آموزش‌های مهارتی

همان طور که در فیلم بالا نیز اشاره کردم، آموزش‌هایی که مهارت‌محور هستند، با آموزش‌هایی که دانش‌محور هستند، کاملاً متفاوتند. پس اگر ما فقط شنونده آنها باشیم و یا فقط آنها را بخوانیم، تقریباً مطمئنم که هیچ تغییری نمی‌کنیم و عملاً، دانستن به معنی توانستن نخواهد بود!

اما اگر تمرینات را انجام دهیم، آنگاه داستان متفاوت می‌شود. متأسفانه، بسیاری از ما، مهارت‌ها را فقط می‌خوانیم و یاد می‌گیریم و بدون هیچ تمرینی توقع داریم

که تغییر کنیم!

درست مثل اینکه ما به کلاس بسکتبال برویم و بعد بدون هیچ تمرینی و فقط صرف شنیدن و دیدن توضیحات استاد، توقع داشته باشیم بسکتبالیست خوبی شویم! خنده‌دار نیست؟!

برای همین، در چنین موضوعاتی باید تمرین کنیم، آزمون و خطا داشته باشیم، رفتارهایمان را تغییر دهیم و ببینیم که چه جاهایی نیاز به تمرین بیشتر و چه جاهایی نیاز به اطلاعات بیشتر داریم.

از همین رو، این کتاب بر اساس میکرواکشن‌ها (یا همان اقدامک‌ها) نوشته شده است. به این معنی که در انتهای هر بخش آموزشی، فعالیت‌ها و اقدام‌های کوچکی وجود دارد که بر اساس موضوع، انتخاب شده‌اند. انجام دادن آنها به شما کمک می‌کند تا مهارت مذکور بسیار بهتر آموخته شود.

دقت کنید تا زمانی که این اقدامک‌ها انجام نشوند، این کتاب، عملاً کاربرد زیادی نخواهد داشت و انجام این فعالیت‌هاست که باعث می‌شود مهارت مذکور در شما تقویت گردد. بنابراین، حتماً باید برنامه‌ای کامل و کاربردی جهت اجرای اقدامک‌ها برای خود داشته باشید.

تحقیقات نشان داده‌اند که اگر می‌خواهیم در هر کاری جزء چند نابغه انگشت‌شمار جهان باشیم، باید آن مهارت را ده هزار ساعت تمرین کنیم. ده هزار ساعت، یعنی ده سال روزی دو ساعت تمرین منظم و درست. یا ۵ سال روزی ۵ ساعت تمرین.

پیشنهاد می‌کنم همین الان تصمیم بگیرید که ۵ یا ۱۰ سال بعد قصد دارید در کدام مهارتتان جزء برترین نفرات باشید؟

خودکار به دست باشید

لطفاً در طول مطالعه این کتاب همیشه خودکار یا مدادی همراه خودتان داشته باشید، شاید بگویید که:

«اول ببینیم چه می‌گوید و اگر مطلب جالبی بود بعداً شروع می‌کنم به نوشتن». این صحبت‌ها یک مدل از اهمال‌کاری است!

بنابراین لازم است یک وسیله برای نوشتن نزد خود داشته باشید و مطالبی را که لازم است، یادداشت کرده، به سؤالات پاسخ داده و آنها را مکتوب کنید.

در بخش‌های بعدی به شما خواهم گفت که اهمیت بحث نوشتن چقدر زیاد است.

این کتاب چطور عمل می‌کند؟

قبل از اینکه سراغ این موضوع برویم که چطور می‌شود اهمال کاری را مدیریت، کنترل و به آن غلبه کرد، شاید لازم باشد روی هدف این کتاب مروری داشته باشیم.

هدف این کتاب در وهله اول این است که بدانیم چرا اهمال‌کار هستیم، زیرا خیلی از ما به خاطر اینکه یا نمی‌دانیم و یا حاضر نیستیم بپذیریم که اهمال‌کار هستیم، دچار مشکلاتی می‌شویم. می‌خواهم به شما تبریک بگویم! زیرا شما جزء معدود افرادی هستید که این نقص را – که همه ما داریم – پذیرفته‌اید و درصدد رفع آن هستید. خیلی‌ها ترجیح می‌دهند با خودشان روراست نباشند و بگویند: ما مشکلی نداریم، اوضاع خیلی خوبه، خدا را شکر زندگی‌ام را دارم، کارم را دارم، شغلم را دارم و ... . خُب، اثرات این رفتار متأسفانه مشخص است! مطمئن باشید که در این دوره گام به گام بهتر خواهید شد و اگر با کمی جدیت تمرین‌ها را انجام دهید، خواهید دید چه نتایج فوق‌العاده‌ای برای شما رقم خواهد خورد.

هدف بعدی در طراحی این کتاب، این است که توقع‌مان را از خودمان بالا ببریم. گاهی اوقات ما به یک زندگی فوق‌العاده ساده رضایت می‌دهیم. فقط آرزوی‌مان این است که مدیر یک قسمت یا یک بخش یا شرکت خودمان شویم و یک حقوق خوب، یک ماشین مناسب و یک خانه و زندگی درخور داشته باشیم، در صورتی که شایستگی ما، خیلی بیشتر از این موارد است.

مثالی که همیشه مطرح می‌کنم، این است که می‌گویم: فرض کنید ما یک تانک داریم که با آن می‌شود کارهای خیلی زیادی کرد. یا یک هواپیما داریم که با آن می‌شود کل دنیا را گشت. اما هر روز فقط این تانک یا هواپیما را روشن می‌کنیم و می‌رویم تا نانوایی و نان می‌خریم و برمی‌گردیم! خنده‌دار نیست؟! می‌شود گفت گریه‌دار است! خیلی از ما با خودمان این کار را انجام می‌دهیم. یعنی توانمندی‌های بسیار زیادی داریم، اما توقع‌مان را آنقدر پایین آورده‌ایم که دیگر نیازی به توضیح بیشتر نیست.

پس، یکی از اهداف دیگر این است که توقع‌مان را از خودمان بالا ببریم. مدل کاری این کتاب بدین شکل است که الزاماً تک تک نکاتی که به شما گفته می‌شود، کارساز نیست. احتمالاً ۶۰ درصد مطالب این کتاب برای هر شخص کاربردی است. در بعضی مواقع ۹۰-۸۰ درصد و برای برخی افراد ۳۰-۲۰ درصد است. اما اصلاً دنبال حجم زیاد مطلب نباشید، فقط ممکن است یک نکته کوچک،

یا یک جمله از کل این کتاب، برای شما مفید باشد و کل مشکل شما را حل کند. بنابراین دنبال حجم زیاد اطلاعات نباشید، بلکه به دنبال آن کلید و آن نقطه اتکایی باشید که مسیر رفتار شما در راستای اهمال‌کاری را عوض می‌کند و شما را در مسیر موفقیت قرار می‌دهد.

اما آنچه اهمیت دارد این است که بدانیم زندگی‌مان از اتفاقات کوچک شروع شده و لحظه لحظه شکل گرفته است.

همه ما به دنبال بتمن، سوپرمن، اسپایدرمن و قهرمان‌های دیگری هستیم که زندگی‌ها را تغییر دهند، در صورتی که ما اول باید خودمان زندگی‌مان را تغییر دهیم و خودمان یکی از سوپرمن‌ها و بتمن‌ها باشیم. قرار نیست اتفاقات خیلی بزرگی رخ دهد. زیرا ما از تصمیم‌های کوچک خودمان شکل گرفته‌ایم. جالب است بدانید تصمیم‌های کوچکی که انجام دادنشان ساده است، به همان اندازه هم انجام ندادنشان ساده خواهد بود. بنابراین خیلی از انسان‌هایی که موفق نیستند، می‌گویند: «حالا خیلی مهم نیست ولش کن!»

در صورتی که انسان موفق می‌گوید: «باید به این نکته کوچک هم دقت کنم!» ما در این کتاب، دقیقاً روی چیزهای کوچک کار می‌کنیم. دقیقاً مثل این است که بپرسم آیا تا به حال فیل گازتان گرفته؟! احتمالاً پاسخ منفی است، ولی تا به حال حتماً پشه نیش‌تان زده است! تقریباً مطمئنم که پاسخ شما مثبت است.

حقیقت این است که ما از چیزهای کوچک ضربه می‌خوریم، نه از چیزهای بزرگ. بنابراین، ما در اغلب بخش‌های این کتاب روی نکات کوچک کار می‌کنیم. رفتارهایی که به مرور زمان روی هم جمع می‌شوند و در طول زمان، وقتی کنار هم قرار می‌گیرند، مرکب و قدرتمند می‌شوند و تغییرات بسیار بسیار عالی را برای شما رقم خواهند زد.

از شما خواهش می‌کنم این موضوع را باور داشته باشید، امتحان کنید و معجزه آن را ببینید. مطمئنم که این موضوع را به دیگران نیز توصیه خواهید کرد.

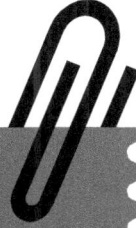

فصل دوم

اهمال کاری، تنبلی یا...

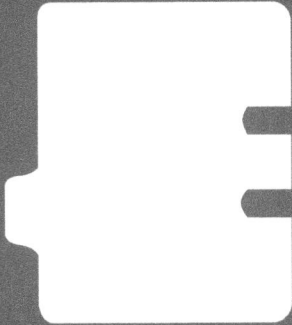

☞ **جناب آقای / سرکار خانم اهمال کاری**

اهمال کاری، پشـت گوش اندازی، تنبلی، دفع الوقت یا هر اسـم دیگری، بلایی اسـت که تأثیرات بسـیار بدی در زندگی ما می گذارد. قرار نیسـت ما لزوماً آدم تنبلی باشـیم که هیچ کاری انجام نمی دهد. ممکن اسـت شما مدیر بسیار موفقی باشـید، اما خودتان می دانید در مواقعی اهمال کاری می کنیـد و کارهایی را انجام می دهید که لازم نیست الان انجام شوند. شما می توانید جایگاه بسیار بالاتری نسبت به جایگاه فعلی خود داشـته باشـید، اما به خاطر اهمال کاری فعلاً به همین جایگاه بسنده کرده اید.

در مثال بالا ممکن اسـت شما جایگاه بسـیار بالایی داشته باشید، جایگاهی که ممکن اسـت آرزوی خیلی ها باشـد، اما توان شما بیشتر است! اهمال کاری بلاهای زیـادی را بر سـر مـا می آورد. فرصت های بسـیار زیـادی را از دسـت می دهیم. فرصت هایی که ممکن اسـت فقط یک بار به سـراغ ما بیایند. فرصت هایی که اگر زودتر به فکرش بودیم، قطعاً نتایج بهتری می گرفتیم.

نکتـه منفی دیگر در مورد اهمال کاری این اسـت که ما معمـولاً با اهمال کاری خود، دیگران را ناراحت می کنیم. مطمئناً هیچ کسـی دوست ندارد همسرش یک اهمـال کار باشـد. بدون هیچ شـک و تردیدی، می توانیم مطمئن باشـیم هیچ پدر و مادری از داشـتن یـک فرزند اهمال کار لذت نمی بـرد. بنابراین اهمال کاری ما، دیگران را هم ناراحت می کند.

از تبعـات دیگر اهمال کاری این اسـت که ما را ترسـو می کنـد! زمانی که ما کاری را که باید انجام دهیم، پشـت گوش می اندازیم و در انجام آن اهمال کاری می کنیـم، رضایت مندی مان نیـز از خود و زندگی کمتر می شـود. همین موضوع باعث می گردد موضوعی که نسـبت به آن اهمال کاری و تنبلی می کنیم، برایمان بزرگ تر و بزرگ تر شـود و مسـائل برای ما عظیم تر جلوه کند، و در نتیجه ما نیز ترسوتر خواهیم شد!

و نکته آخر اینکه اگر اهمال‌کاری کنیم، بدون هیچ تردیدی، حس استرس و اضطراب را با خودمان همراه خواهیم کرد. زیرا نگرانیم که چه زمانی باید این کار را انجام دهیم و نگران حرف‌های دیگران نیز خواهیم بود.

داستان اهمال‌کاری یک داستان پیچیده است. قسمت منطقی مغز ما اصلاً علاقه‌ای به آن ندارد. همه ما دوست داریم انسان‌های با اراده، فعال و با پشتکاری باشیم. اما قسمت احساسی مغز ما چیز دیگری می‌خواهد. بنابراین اگر ندانیم به چه صورت باید کار خود را انجام دهیم و اگر جلوی این اهمال‌کاری را نگیریم، مطمئناً کار ما بسیار سخت خواهد شد.

یکی از بزرگ‌ترین اشتباهات این است که با خودمان منطقی صحبت کنیم:

«ببین تو باید منطقی باشی، از فردا دیگه تنبلی نکن، تصمیم بگیر، محکم باش و پیش برو»

در حقیقت، ما با قسمت احساسی مغزمان منطقی صحبت می‌کنیم. مثل کسی که دارد در دریا غرق می‌شود و ما برایش کپسول آتش‌نشانی پرتاب کنیم. خنده‌دار و احمقانه است! چون راه حل و مسئله هیچ ربطی به هم ندارند.

بنابراین، کاملاً طبیعی است: با موضوعی که بیشتر احساسات در آن پررنگ است، نباید به صورت منطقی برخورد شود. بنابراین در این کتاب قرار نیست به صورت منطقی با مشکل اهمال‌کاری مواجه شویم! بلکه بیشتر درباره نحوه مدیریت احساساتمان صحبت خواهیم کرد و البته در مواردی نیز به صورت منطقی با آن برخورد می‌کنیم.

عامل موفقیت از نظر دانشگاه استنفورد

دانشگاه استنفورد در سال ۱۹۷۰ میلادی تحقیقی انجام داد که به نظر من با کمک آن می‌توان اصلی‌ترین عامل موفقیت را به دست آورد.

در این تحقیق از تعدادی کودک ۴ تا ۶ ساله خواسته شده بود که در اتاقی بمانند و فردی وارد اتاق می‌شد و یک شیرینی بسیار خوشمزه[1] در اختیار آنها می‌گذاشت. به آنها گفته می‌شد می‌توانند شیرینی را همان موقع بخورند، یا اینکه ۱۵ دقیقه صبر کنند و بعد از ۱۵ دقیقه شروع به خوردن شیرینی کنند و بدانند که یک شیرینی دیگر هم برایشان می‌آورند!

---

۱. نام آن شیرینی مارشملو است که در بسیاری از شیرینی فروشی‌های کشور ما نیز موجود است.

بنابراین هر کودک دو انتخاب داشــت: یا اینکه می‌توانست ۱۵ دقیقه صبر کند و پــس از ۱۵ دقیقه یک شــیرینی دیگر نیز جایزه بگیرد و دو شــیرینی بخورد، یا می‌توانست همان لحظه شیرینی را بخورد و دیگر انتظار نکشد.

دوربین‌هایی که در آن اتاق بودند، رفتارهای جالبی را ضبط کردند. بعضی از بچه‌ها به محض رفتن آن فرد از اتاق، شــروع به خوردن آن مارشــملو کردند. برخی دیگر کمی صبر کردند. ۲ دقیقه، ۳ دقیقه، ۴ دقیقه. برخی دیگر خیلی با خودشان درگیر بودند و وسوســه می‌شدند که شــیرینی را بخورند. شیرینی را بو می‌کردند، نزدیک دهانشان می‌آوردند و بعد منصرف می‌شدند و شیرینی را سر جایش می‌گذاشتند!

پیشــنهاد می‌کنم حتماً فیلم این تحقیق را در صفحه آنلاین کتاب، یعنی آدرس زیر مشاهده کنید:

www.bah.red/proc

کلمه عبور: ۱۲۶۰

در نهایت حدود یک سوم از کودکان نیز توانستند خودشان را تا پایان ۱۵ دقیقه کنترل کنند. نکته جالب این تحقیق آن اســت که چند دهه بعد وقتی زندگی این کودکان را بررســی کردند، آنهایی که توانسته بودند خودشان را ۱۵ دقیقه کنترل کنند به مراتب انسان‌های موفق‌تری بودند.

نکته‌ای که می‌توانیم از این تحقیق به دست آوریم این است که:

اگر بتوانیم در مواقعی از خواسته‌هایمان دست بکشیم و آن شیرینی‌های زندگی را در لحظه نخوریم و مدتی صبر کنیم، در ادامه می‌توانیم شیرینی‌های خوشمزه‌تر، بهتر و بیشتری داشته باشیم.

ممکن است این سؤال برای شما پیش بیاید که خب برخی از کودکان می‌توانستند از بچگی خودشان را کنترل کنند و ما از بچگی نمی‌توانستیم! بنابراین ما کلاً شانس موفق شدن نداریم!

امیدوارم دچار این اشـتباه نشـوید که تصور کنید همه چیز به دوران کودکی محدود می‌شـود. نتیجه این آزمایش به این معنی نیسـت که اگر شما در دوران کودکی می‌توانسـتید خودتان را کنترل کنید، الان هم می‌توانید! در حقیقت، این یکی از بهانه‌هایی اسـت که مغز ما برای حفـظ حالت موجود می‌آورد. در ادامه، در مورد حفظ حالت موجود با یکدیگر صحبت می‌کنیم. نکته مهم این اسـت که بدانیم:

ما می‌توانیم در هر زمانی خودمان را تغییر دهیم.
فقط کافی است که بخواهیم و راهش را بدانیم
و بر اساس دانسته‌هایمان اقدام کنیم.

حفظ حالت موجود، وظیفه مغز ما

بررسی‌ها نشان می‌دهد که مغز انسان فقط ۲ درصد از وزن کل بدن را شامل می‌شود، اما ۲۰ درصد انرژی بدن را استفاده می‌کند. با دانستن اینکه بدن انسان در طول روز به طور متوسط فقط ۲۴۰۰ کیلوکالری انرژی مصرف می‌کند، با چند محاسبه ساده می‌توانیم به دست بیاوریم که مصرف مغز انسان چند وات است؟

برای مثال اکثر لامپ‌های کم‌مصرف بین ۲۰ تا ۶۰ وات مصرف دارند، اما نکته بسیار عجیب این است که مغز ما با وجود تعداد فوق‌العاده زیاد فعالیت‌ها در لحظه که منجر به بقای ما و بسیاری از رفتارهای دیگر می‌شود، مصرف بسیار کمی دارد.

اجازه دهید که ببینیم مغز ما در همین لحظه در حال انجام چه کارهایی است؟ مغز ما در همین لحظه در حال خواندن این نوشته، تحلیل آن، به خاطرسپاری و دسته‌بندی محتواست. احتمالاً دستورات دیگری مانند نفس کشیدن، تنفس و صدها دستور دیگر نیز که ما از آن بی‌خبر هستیم، صادر می‌کند. اگر می‌خواهید در مورد فعالیت‌های مغز بیشتر بدانید، حتماً توصیه می‌کنم که در اینترنت در مورد فعالیت‌های مغز جستجو کنید تا به نتایج حیرت‌آوری برسید.

با همه این توضیحات باید بگوییم که مغز ما با این پردازش سرسام‌آور، فقط و فقط ۲۰ وات مصرف دارد! و این فوق‌العاده‌است!

مغز ما برای اینکه این حجم از پردازش را انجام دهد، از روش‌های خاصی استفاده می‌کند تا در بهینه‌ترین حالت ممکن باقی بماند. اما این داستان سوی دیگری نیز دارد. این مغز که منجی ما و برای بقای ما کاملاً ضروری است و در بسیاری از کارها به ما کمک می‌کند، در جایی که حتی فکرش را نمی‌کنیم کار ما را خراب می‌کند!

این داستان، کمی تلخ است و باید بپذیریم که این مغز عزیز ما، بر خلاف آنچه تا به حال شنیده‌ایم، وظیفه اصلی‌اش آنچه ما تصور می‌کنیم نیست.

📌 کار اصلی مغز، پیشرفت ما نیست،
کار اصلی مغز- متأسفانه- حفظ حالت موجود است!

جمله بالا به این معنی است که قسـمت ناخودآگاه مغز ما تمام تلاش خود را می‌کند تا ما همیشه در حالت فعلی باشیم و پیشرفت یا پسرفتی نکنیم!

شاید از شنیدن این موضوع تعجب کرده باشید. اما باید بگویم دلیل اینکه مغز ما بسـیار کم مصرف اسـت، آن اسـت که از روش‌هایی استفاده می‌کند تا این مصرف را همـواره پایین نگــه دارد. بنابراین مغز ما فوراً تلاش می‌کنــد که هر رفتاری را بـه صورت یک عادت در بیـاورد تا بتواند از روی آن الگوی مشـخص، در حالت ناخودآگاه حرکت کند. مثلاً در اولین مرتبه‌ای که در حال رانندگی هستیم، انرژی بسیار زیادی صرف انجام رانندگی می‌شود. اما مغز تمام تلاش خود را انجام می‌دهد کـه این رفتار را به صورت یک عادت ناخودآگاه در خود ذخیره کند. برای همین اسـت کــه ۶ ماه بعد، ما بدون فکر کردن و به صـورت کاملاً ناخودآگاه رانندگی می‌کنیم و اصلاً خسته نمی‌شویم.

مسئله اینجاست که اگر اتفاق جدیدی رخ دهد، مصرف مغز بالا می‌رود. از همین رو، تمام تلاش مغز این است که با هر روشی، حالت موجود را حفظ کند.

برای مثال من در اکثر سـمینارهایم از شرکت‌کنندگان می‌پرسم: چرا اکثرمان ثروتمند نمی‌شویم؟

پاسـخ‌هایی که دریافت می‌کنـم، اکثراً از مکانیزم ناخـودآگاه مغز، یعنی حفظ حالت موجود تبعیت می‌کند و به گونه‌ای است که برای ما هیچ زحمت و یا تغییری در پی نداشته باشد. بنابراین، جواب‌ها همه در این سطح هستند که:

- شانس ندارم.
- بابای پولدار ندارم.
- تو این مملکت مگه می‌شه کار کرد!
- پارتی ندارم.
- آشنا ندارم.
- قرعه‌کشی بانک که برنده نشدم!
- یه سرمایه اولیه که باید داشته باشیم!
- تو این شرایط اقتصادی چه حرفا می‌زنی!

و....

مثالی دیگر: همه ما وقتی درسی را قبول می‌شویم، می گوییم که من درس را پاس کردم؛ و وقتی درسی را می‌افتیم، خواهیم گفت که استاد مرا انداخت!

در اینجا باز هم یک عامل بیرونی مطرح می‌شود که از دسترس ما خارج است!

همان طور که می‌بینید در اکثر پرسش‌هایی که از خودمان می‌پرسیم، به گونه‌ای پاسخ می‌دهیم که همه جواب‌ها به یک عامل بیرونی مربوط می‌شود و هیچگاه کسی پیدا نمی‌شود که بگوید:

«مشکل از من است و من به اندازه کافی تلاش نکرده‌ام».

بسیاری از ما به گونه‌ای جواب می‌دهیم که انگار کاملاً بی‌نقص هستیم و همیشه مشکل از یک عامل بیرونی است.

تقریباً تمام پدر و مادرها اعتقاد دارند، بهترین هستند و هر مشکلی که وجود دارد، از فرزند آنهاست و اصطلاحاً «بچه‌های این دوره و زمونه این طوری هستند!»

تا حالا پدر و مادری را دیده‌اید که بگویند: «تربیت من مشکل داشته و واقعاً پدر یا مادر خوبی نبودم؟!»

یا همین طور در آن طرف داستان، تقریباً تمام بچه‌ها اعتقاد دارند پدر و مادرانشان برای آنها کم گذاشتند.

اگر بخواهم مثال دیگری در این زمینه بزنم، بدون شک سراغ مدیران خواهم رفت. زیرا به دلیل مشاوره‌های زیادی که به مدیران می‌دهم، بارها و بارها این جمله را از آنها شنیده‌ام که: «کارمندان آنها بدترین کارمندها هستند و اگر این مدیران در کارشان پیشرفت شایانی نمی‌کنند به دلیل وجود کارمندان نامناسب است!»

در این مواقع سؤال من این است: «آیا خود شما بهترین مدیر هستی که دنبال بهترین کارمند می گردی؟!»

باز هم از آن طرف، کارمندان نیز با اعتقادات مشابهی، مدیرشان را سنگدل‌ترین، زالوصفت‌ترین و خون‌خوارترین انسان، و عامل تمام بدبختی‌های دنیا می‌دانند!!!!

البته امیدوارم همکاران من، این حس را نداشته باشند!

باید خاطرنشان کرد این موضوع همیشه صادق نیست، اما برای قشر قابل توجهی از جامعه این موضوع کاملاً صحت دارد و بارها و بارها می‌توان آن را مشاهده کرد.

اگر من بگویم: «من فرزند خوبی نبودم و اصلاً کاری ندارم که پدر و مادرم چگونه بوده‌اند، ولی من به اندازه کافی خوب نبودم»، آن وقت به مغز فشار می‌آید! چون باید فکر کند و راهکار پیدا کند!

اگر بگویم: «بله! شرایط اقتصادی خوب نیست، اما در همین شرایط اقتصادی نیز افرادی بودند که با ایجاد تغییراتی رشد کردند» پس من هم باید یاد بگیرم و رشد کنم. مغز در این شرایط باید کلی انرژی مصرف کند! پس مغز دوست دارد همیشه جوابی بدهد که هیچ کاری نکنیم! یک بار دیگر تکرار می‌کنم:

📌 **کار مغز، حفظ حالت موجود است!**

یعنی کارش این است که شما را اینجا ثابت نگه می‌دارد و دوست ندارد هیچ تغییری کنید. چون در صورت تغییر، زحمت مغز زیاد می‌شود و برای همین تلاش می‌کند تا حالت موجود را حفظ کند.

در همه کلاس‌ها تا می‌گویم فلان رفتار را باید تغییر بدهیم، واکنش‌ها بسیار جالب است!

معمولاً می‌گویند: نه! این نمی‌شه! این حرف‌های خارجی‌هاست، تو ایران جواب نمی‌ده! اینجا نمی‌شه! اون جا نمی‌شه!

من در استان‌های مختلف، از آذربایجان تا سیستان و بلوچستان برنامه داشتم. در تمام شهرها، زمانی که ایده‌هایی را ارائه می‌کنم و از افراد می‌خواهم که روش‌های قدیمی خود را تغییر دهند، اکثر افراد می‌گویند که این موضوع در شهر ما جواب نمی‌دهد! این مال تهرانی‌هاست... اینجا بافتی سنتی دارد.

بعد که در تهران آموزش می‌دهم، افراد زیادی می‌گویند که این مال شهرستانی‌هاست... اینجا جواب نمی‌دهد!

در اوایل کار تعجب می‌کردم. اما به محض اینکه با مکانیزم مغز و حفظ حالت موجود آشنا شدم، فهمیدم که اگر بگویند اینجا جواب می‌دهد، آن وقت مجبورند تغییر کنند و به خاطر این تلاش خود را افزایش دهند. اما اگر بگویند نه! این موضوع اینجا جواب نمی‌دهد و برای انجام ندادن آن بهانه بیاورند، مغز به هدف خود رسیده و آن هم حفظ حالت موجود است! برای همین است که بسیاری از مردم کشورمان کتاب‌های موفقیت را نمی‌خوانند و می‌گویند نه اینها به درد ما نمی‌خورد! اینها را خارجی‌ها نوشته‌اند. البته شاید هر فردی این موضوع را به صورت واضح متوجه نشود، اما این اتفاقات در ناخودآگاه او رخ می‌دهد.

امیدوارم با شناخت این موضوع ادامه صحبت را بسیار هوشمندانه‌تر مطالعه کنید

و اجازه ندهید فعالیت‌های مغز ســبب شــود تا با قضاوتی نادرست از خواندن این کتاب دست بکشید.

در حقیقت بهانه‌هایی مانند:

● به درد ما نمی‌خورد.

● این حرف‌ها برای خارجی‌ها خوبه نه ایرانی‌ها

● دیگه از ما گذشته

● ما کلاً شانس نداریم

● با خوندن یک کتاب هیچ اتفاقی نمی‌افته، این نویسنده به فکر جیب خودشه!

از جمله فعالیت‌های ناخودآگاه مغز هستند که به ما می‌گویند در حالت موجود باقی بمان و هیچ حرکتی نداشته باش!

☞ چه کسی موفق می‌شود؟

تا اینجا پیش رفتیم که ما اگر بتوانیم از خشــنودی‌ها و خوشــحالی‌های لحظه‌ای دست بکشیم و کارهایی را انجام دهیم که در حال حاضر چندان تمایلی به انجامش نداریم، مثل مقاومت در برابر خوردن شــیرینی؛ در ادامه می‌توانیم کارهای بســیار عالی‌تری مثل خوردن چند عدد شیرینی را تجربه کنیم.

📌 **در حقیقت تفاوت انسان‌های موفق و ناموفق در این است: انسان‌های موفق کارهایی را انجام می‌دهند که انسان‌های ناموفق حاضر نیستند آنها را انجام دهند.**

مقاومت در برابر اهمال‌کاری یکی از این کارهاســت. انسان‌های موفق حاضرند به خودشان زحمت دهند و کاری را که دوست ندارند، انجام بدهند. اما انسان‌های ناموفق آن شیرینی را همان لحظه می‌خورند!

من از دوران نوجوانی علاقه زیادی به کتاب‌ها و ســمینارهای مربوط به موفقیت داشــتم، همیشه داســتان‌های موفقیت افراد موفق دنیا را بررسی می‌کردم و همواره سعی داشتم تا یک گزارش کامل و جامع و البته بسیار خلاصه برای موفقیت ارائه کنم. زمانی که تحقیق دانشــگاه استنفورد را مطالعه نمودم، احساس کردم که این تعریف مختصر، اما بسیار کاربردی را یافته‌ام. بنابراین به نظر خیلی سخت نیست که بتوانیم یک فرمول کلی در مورد موفقیت ارائه کنیم. اگر بخواهیم در هر زمینه‌ای

موفق شویم باید به این سؤال بسیار مهم پاسخ دهیم که:

شما حاضرید چه کارهایی انجام دهید که دیگران حاضر به انجام آن نیستند؟

و این دقیقاً رمز موفقیت شماست. می‌خواهیم این موضوع را بررسی کنیم که این شیرینی‌ها را چطور می‌توانیم نگه داریم؟ چطور می‌توانیم با وسوسه زودتر خوردن آنها مقابله کنیم و به جای شیرینی لحظه‌ای، طعم شیرینی خوشمزه و لذت‌بخش موفقیت را بچشیم.

اقدامك:

لطفاً همین الان موفق‌ترین افرادی را که در حیطه مورد نظر شما فعالیت می‌کنند، به خاطر بیاورید. بررسی کنید آنها چه کارهایی را انجام می‌دهند که دیگران حاضر نیستند آن کارها را انجام دهند و چه عواملی باعث رشد آنها شده است؟

برای اینکه تغییرات ما مؤثرتر باشد، باید برنامه‌ای بریزیم و ببینیم چه چیزهایی را می‌خواهیم تغییر دهیم؟ سپس پیدا کنیم چه نقاط ضعف و قوتی داریم؟ هدف‌های اصلی ما چه هستند؟ برای رسیدن به هدف‌هایمان چه کارهایی باید انجام دهیم که دیگران حاضر به انجام آنها نیستند؟

اقدامک:

این سؤال‌ها را یک‌بار دیگر، با دقت بیشتر با هم مرور می‌کنیم. یک کاغذ و خودکار بردارید و به آنها پاسخ دهید.

۱- دوست دارم در زندگی‌ام چه چیزهایی تغییر کنند؟
۲- در زمینه‌هایی که قصد تغییر دارم، چه نقاط ضعف و قوتی دارم؟
۳- هدف‌های اصلی من کدام است؟
۴- برنامه من برای رسیدن به هدف چیست؟
۵- حاضرم برای رسیدن به هدف چه کارهایی انجام دهم؟

در این کتاب حالت‌های مختلف اهمال‌کاری و دلایل مختلف آن را بررسی نموده‌ام و راهکارهایی کاملاً کاربردی ارائه می‌کنم تا به این توانمندی دست پیدا کنید که:

چگونه می‌توان با اهمال‌کاری مقابله کرد؟ چگونه عادت‌های جایگزینی بیابیم و روش‌هایی یاد بگیریم که علاوه بر رفع اهمال‌کاری، به ما کمک می‌کنند تا انسان‌های بسیار موفقی باشیم.

مطمئناً خواهید دید که زندگی شما ظرف مدت کوتاهی نتایج فوق العاده‌ای را به همراه خواهد داشت.

اهمال‌کاری چیست؟

شـــاید لازم باشـــد قبل از اینکه به صورت جدی وارد بحث مقابله با اهمال‌کاری و تنبلی شـــویم، آن را تعریف کنیم. از همین رو، در این فصل از کتاب می‌خواهیم ببینیم که اصلاً اهمال‌کاری چیست.

از آنجایـــی کـــه قـــول دادم این کتاب کاربردی باشـــد، پس لازم نیســـت برویم ســـراغ تعریف‌های بیش از اندازه ذهنی و آکادمیک، که مثلاً اهمال‌کاری یا همان Procrastination دقیقاً چیســـت و چه تفاوتی با ناتوانی، تأخیر در انجام کار، تنبلی و... دارد؟[۲]

اگر بخواهیم یک تعریف بســـیار ساده، اما بســـیار کاربردی در این رابطه مطرح کنیم، بدون شک می‌توانیم بگوییم که:

اهمال‌کاری در این کتاب، یعنی کاری که باید انجام دهیم و آن را به هر دلیلی انجام نمی‌دهیم!

یا اگر بخواهیم با توجه به تحقیق دانشگاه استنفورد (آزمایش شیرینی و کودکان ۴ تا ۶ ساله) خیلی ساده‌تر اهمال‌کاری را تعریف کنیم، می‌توانیم بگوییم که:

شیرینی‌هایی که نباید «الان» بخوریم و می‌خوریم!

بنابراین، هدف ما در این کتاب این است که کارهایی را که باید یا نباید انجام دهیم، بشناسیم و به درستی رفتار کنیم.

الگوی اهمال‌کاری خود را پیدا کنید

الگـــوی اهمال‌کاری را به این صـــورت می‌توانیم پیدا کنیم که ببینیم اول از همه، ما در چه کارهایی اهمال‌کاری می‌کنیم؟ مثلاً آیا بهانه‌های این شکلی داریم که:

- دیگر فصل بهار است و رخوت بهاری
- و یـــا نـــه در ارتباطات‌مان مشـــکل داریم. مثلاً باید بروم به رئیســـم نکته‌ای را بگویم، یا درخواستی از او دارم، اما معمولاً اهمال‌کاری می‌کنم.
- یا اینکه یک مدیر هستم و باید کارمندی را اخراج کنم. اما می‌گویم: حالا باشد بعد از عید، حالا باشد بعد از فلان تاریخ.
- یا اینکه در موضوعات شخصی اهمال‌کاری می‌کنم.

۲. اگر به این تعاریف علاقه‌مند هستید حتماً کتاب «راهنمای درمان اهمال‌کاری» نوشته مونیکا رامیرز باسکو را مطالعه کنید.

● یا مثلاً در مورد هر کاری که نوشـتن در آن باشـد، اهمال‌کاری می‌کنم؟ آیا موقع نوشـتن مقالـه، ایمیل، کتاب یا هر چیز دیگری اهمـال می‌کنم؟ یا در بحث صحبت کردن و ارتباطات؟

اگـر می‌خواهید الگوی اهمال‌کاری خود را پیدا کنید، باید مشخص نمایید چه زمان و در چه موضوعاتی اهمال‌کاری می‌کنید؟

لطفاً حتماً آن موارد را بنویسـید. حداقل باید ۵ مورد را یادداشـت کنید. سپس بروید سـراغ این موضوع که چطور اهمال‌کاری می‌کنید؟ یعنی کار جایگزین‌تان چیست؟ آیا سـراغ یک کار جایگزین می‌روید؟ آیا با موبایل‌تان بازی می‌کنید؟ پلی‌استیشـن بازی می‌کنید؟ سـعی می‌کنید خودتان را سـر گرم کنید؟ با تلفن یا کارهای دیگر؟ در اینترنت جسـتجو می‌کنیـد؟ یا کارهای دیگری را که کارهای مهمی هستند اما در اولویت نیستند، انجام می‌دهید؟

پس حتماً این موضوع را یادداشـت کنید که چگونه اهمال‌کاری می‌کنید؟ بعد دلایل خودتان را بنویسید که چرا اهمال‌کاری می‌کنم؟ دلیلش چیست؟ این کار را دوست ندارم؟ بلد نیستم؟ دنبال دردسر نیستم؟ مطمئن باشید که تا همین جا یک گام بسیار بزرگ برای مدیریت اهمال‌کاری برداشته‌اید.

اقدامك:

۱. مشخص کنید چه زمانی اهمال‌کاری می‌کنید؟

۲. بنویسید که در چه موضوعاتی اهمال‌کاری می‌کنید؟

۳. دلیلش چیست؟ (این کار را دوست ندارم؟ بلد نیستم؟ دنبال دردسر نیستم؟ یا...)

۴. چگونه اهمال‌کاری می‌کنید؟ کار جایگزینی که انجام می‌دهید چیست؟

شما یك اهمال‌کار خاموش هستید؟

چندی پیش سؤالی از یکی از اعضای سایت دریافت کردم که بسیار طولانی بود و داستان تلاش‌های خود را تعریف کرده بود به این مضمون:

«من انسان بسیار پرتلاشی هستم، اما به جایی نرسیده‌ام. شما فکر می‌کنید به خاطر اهمال‌کاری من است؟»

شاید این سؤال برای بسیاری از ما نیز پیش بیاید. همه ما انسان‌هایی را دیده‌ایم که بسیار پرتلاش هستند، اما به جایی نمی‌رسند. آیا این هم دلیلش می‌تواند اهمال‌کاری باشد؟

قطعاً یکی از دلایلش می‌تواند اهمال‌کاری باشد! چطور؟ به شما خواهم گفت. اجازه بدهید اهمال‌کاری را تعریف کنیم.

اهمال‌کاری یعنی: کاری را باید الان انجام دهیم، ولی انجام نمی‌دهیم. حالا یا هیچ‌کاری نمی‌کنیم یا به جای آن کار دیگری انجام می‌دهیم.

اکثر ما دارای سطوحی از اهمال‌کاری هستیم. مثلاً بسیاری از ما می‌دانیم که وقتی کودکمان با ما صحبت می‌کند، باید تماماً به او توجه کنیم نه به تلویزیون. ولی ترجیح می‌دهیم که تلویزیون ببینیم. این دقیقاً یعنی اهمال‌کاری! یعنی کاری که باید الان انجام دهیم، اما انجام نمی‌دهیم.

خیلی اوقات می‌دانیم اگر فقط ۱۰۰ میلیون پول داریم، نباید ماشین بخریم. و اگر پولش را سرمایه‌گذاری کنیم، عوایدش خیلی بهتر و کمک‌کننده‌تر است. اما اهمال‌کاری می‌کنیم، شیرینی را زودتر می‌خوریم و بعداً نتایجش را می‌بینیم!

پس، اهمال‌کاری گستره‌ی خیلی وسیعی دارد و فقط محدود به این نیست که ما کاری را باید انجام دهیم و انجام نمی‌دهیم. بلکه می‌تواند مدل‌های مختلفی داشته باشد.

اما یکسری اهمال‌کاری‌ها مدل‌هایی خاص هستند که پاسخ سؤال این دوست عزیز هم در همین قسمت نهفته است.چیزهایی که اصلاً به نظر نمی‌آید ربطی به اهمال‌کاری داشته باشند. مثلاً افرادی که کاملاً پر کار هستند و روزانه ۱۶ ساعت کار می‌کنند، اما اهمال‌کارند!

چندین سال پیش، من مدیر فروش و بازاریابی یک شرکت گردشگری بودم که یکی از شرکت‌های بزرگ گردشگری در ایران بود و دفتر مجهز و یک ساختمان

خوب داشت.

در کمال ناباوری، مدیر آنجا- که یک دوست بسیار عزیز برای من است - دچار اهمال کاری شدید بود! یک اهمال کار جدی!

جالب است بدانید که این مدیر اهمال کار عزیز، از ساعت هشت صبح تا ۹، ۱۰ شب در محل کارش حضور داشت! تقریباً روزی ۱۴ ساعت در دفتر بود و هر زمان که او را نگاه می کردید، می دیدید که مشغول کار است. تلفن جواب می داد. با بقیه صحبت می کرد. به کار منشی سرک می کشید. به قسمت های مختلف می رفت. با مشتری ها صحبت می کرد. تماس های تلفنی می گرفت. کارها را پیگیری می کرد! و ...

به نظر می آمد که فوق العاده درگیر است، امـا حقیقتش این بود که او با وجود کارهای زیاد، کارهایی را که یک مدیر می بایست انجام دهد، انجام نمی داد! بلکه فقط وقت خودش را با کارهای دیگر که وظیفه دیگران بود تلف می کرد.

کار یک مدیر تلفن جواب دادن به مدت شش ساعت در روز نیست! خیلی از مدیران کشور ما دچار این مشکل هستند. یعنی خودشان را با کارهای

پیش پا افتاده که می‌توانند به دیگران واگذار کنند، سرگرم کرده‌اند و بنابراین اهمال‌کاری می‌کنند!

نگاه می‌کنیم و می‌گوییم که: وای... خسته نباشید... خیلی خیلی زحمت کشیدید... واقعاً من نگاه می‌کنم شما ۱۴ ساعت درگیر بودید!

در صورتی که آن مدیر می‌توانست با دو یا سه ساعت کار مفید، به تمام آن چیزی که تا الان داشته است، برسد.

مدیر این داستان نیز مانند اغلب مدیران از این می‌نالید که وقت ندارم. حال آن که این «وقت ندارم‌ها» اغلب رابطه مستقیمی دارد با ناتوانی انسان‌ها در اولویت‌بندی!

هر چه قدر که ما بگوییم وقت نداریم، نشان‌دهنده این نیست که ما آدمی پرکار و حرفه‌ای هستیم، بلکه برعکس، نشان‌دهنده این است که ما در برنامه‌ریزی ناتوان هستیم.

یکی از اهمال‌کاری‌های بسیار حرفه‌ای این است که ما خوب کار می‌کنیم، ولی متأسفانه کارِ خوب نمی کنیم!

یعنی یک کار را عالی انجام می‌دهیم، اما آن کار اصلاً قرار نیست توسط ما انجام شود! یعنی قرار است من از مسیر سمت راست بروم، اما در مسیر سمت چپ با تمام قدرت می‌روم! و نتیجه مشخص است که چه اتفاقی می‌افتد؟!

هیچ اتفاقی نمی‌افتد... هیچ نتیجه‌ای برای رسیدن به آن هدف حاصل نخواهد شد...

بنابراین باید بررسی کنیم که اصلاً کاری که داریم انجام می‌دهیم، کار خوبی است؟ یا فقط خوب کار کردن است؟ اول کار خوب را پیدا کنیم و سپس در آن مسیر، خوب کار بکنیم.

تقسیم به فعالیت‌های کوچک

یکی از روش‌های بسیار حرفه‌ای در اهمال‌کاری خاموش این است که فرد وقتی باید یک کار یا تغییر بزرگ را به صورت کامل انجام دهد، به جهت اینکه برچسب تنبل یا اهمال‌کار را از دیگران- یا حتی از خودش- دریافت نکند، کارهایی کوچک و جزئی انجام می‌دهد و در نتیجه حس بهتری دارد. اما حقیقت این است که هیچ

کار بزرگی انجام نداده است.

برای مثال، فردی که می‌خواهد خانه خود را عوض کند، اما به دلیل اهمال‌کاری این کار را انجام نمی‌دهد و خود را با تغییر دکوراسیون خانه مشغول می‌کند تا هم از خود راضی باشد و هم دیگران به او خرده نگیرند.

این جمله از استفان کاوی را بارها گفته‌ام که انسان‌ها چهار نوع کار انجام می‌دهند:

1. **کارهای مهم و فوری**
2. کارهای مهم و غیرفوری
3. **کارهای غیرمهم و فوری**
4. **کارهای غیرمهم و غیرفوری**

و کاری که ما باید انجام بدهیم مهم و غیرفوری است.

	غیر فوری	فوری
مهم	ورزش کردن، رشد کسب و کار	وقتی مهلت انجام کاری به پایان رسیده است
غیر مهم	گشت و گذار بی‌دلیل در شبکه‌های اجتماعی	پاسخ دادن به برخی از تلفن‌ها

همین که بررسی کنیم و ببینیم آیا در مسیر درست هستیم یا نه، نشان‌دهنده این است که یک کار مهم و غیرفوری را انجام می‌دهیم.

یعنی مجبور نیستیم الان بررسی کنیم و می‌توانیم آن را به آینده موکول کنیم. خیلی از افراد در این کار اهمال‌کاری می‌کنند و برای همین است که در مسیر موفقیت قرار نمی‌گیرند.

مدیران ارشد سازمان‌های بسیار بزرگی را می‌شناسم که خوب کار می‌کنند، اما کار خوب نمی‌کنند!

کارهای مهم و فوری را انجام می‌دهند و کارهای مهم و غیرفوری را انجام نمی‌دهند!

مثلاً هدف‌گذاری یکی از همین کارهاست! خیلی از ما در همین کار هم اهمال‌کاری می‌کنیم و بهانه‌هایی مانند این می‌آوریم که:

- **حالا فرصت هست...**

- حالا باشه برای بعداً
- من می‌دونم می‌خوام چی کار کنم دیگه!
- مگه هدف نوشتن ضروریه؟
- این مال کلاس‌های خارجی‌هاست، به درد ایران نمی‌خوره...

پس حتی اگر خیلی پر تلاش باشیم، باز هم ممکن است جزء دسته اهمال‌کاران قرار بگیریم!

بنابراین از شما خواهش می‌کنم یک لحظه روند سریع زندگی را متوقف کرده و با خود فکر کنید آیا مسیری که در آن قرار دارم، درست است یا خیر؟

شاید من در این مسیر خیلی خوب باشم اما آیا اصلاً این جاده‌ای که در آن قرار دارم، جاده درستی است یا خیر؟

اقدامك:

لطفاً به این موضوع فکر کنید که آیا در زندگی خود، خوب کار می‌کنید یا کارِ خوب می‌کنید؟ برای اینکه دقیقاً پاسخ این سؤال را بدانید، طبق گام‌های زیر عمل کنید:

۱. هدف اصلی ۳ تا ۵ سال زندگی خود را بنویسید.

۲. ببینید اگر به همین روند ادامه دهید، به هدف خود خواهید رسید؟

۳. اگر پاسخ منفی است، حتماً باید مسیر خود را بازنگری کنید.

۴. اگر پاسخ مثبت است، به شما تبریک می‌گویم!

☞ اهمال‌کاری روتوش شده

بسیاری از ما از اهمال‌کاری رنج می‌بریم، امـا به دلیل تزئین زیبایی که بر این رفتارمـان انجام می‌دهیم، در شـرایطی قرار می‌گیریم که «اهمـال‌کاری روتوش شـده» نام دارد و حتی توسـط دیگران نیز پاداش می‌گیرد. در این حالت به جای اهمال‌کار، به ما محتاط و محافظه‌کار می‌گویند و همین موضوع باعث می‌گردد که نه تنها این رفتار سرزنش نشود، بلکه پاداش نیز بگیرد.

بـرای مثال، مدیری را فرض کنید که می‌تواند کسـب و کار خود را با بسـتن قرارداد همکاری گسـترش دهد. اما به دلیل اهمال‌کاری و تنبلی از انجام این کار سـر باز می‌زند و دیگـران نه تنها او را تقبیح نمی‌کنند، بلکه می‌گویند وی بسـیار محتاط و محافظه‌کار است و در کمتر شرایطی خود را به دردسر می‌اندازد و اصولی کار می‌کند!

☞ آیا می‌توانیم تغییر کنیم؟

شـاید هنوز نگران باشـید که شـما به خوردن شیرینی‌ها و مارشـملوها عادت کرده‌اید و شـاید خیلی سـاده نباشـد که در رفتارتان تغییر ایجاد کنید. یا اینکه نگران هستید که آیا اصلاً امکان تغییر وجود دارد یا خیر؟!

اما اینکه در آینده چگونه خواهیم بود، به تصمیمات اکنون ما ارتباط دارد. لذا، این ما هستیم که تصمیم می‌گیریم شیرینی مختصر مارشملو را تجربه کنیم، یا لذت موفقیت واقعی را بچشیم.

☞ آیا من اهمال‌کارم؟

شاید این سؤال برای شما پیش بیاید که آیا واقعاً من یک اهمال‌کار هستم یا نه؟ حقیقتش این اسـت که پاسـخ من بـرای ۱۰۰ ٪ انسـان‌ها این اسـت که آنها اهمال‌کارند. هرچند تعریف‌ها از اهمال‌کاری متفاوت اسـت، اما تعریف ما بسـیار مشخص است. آیا شما از همه توانمندی‌های خودتان استفاده می‌کنید یا نه؟ معمولاً جواب منفی اسـت و همه ما توانمندی‌های بسـیار زیادی داریم که از آنها به خاطر تنبلی یا دلایل دیگر استفاده نمی‌کنیم. بنابراین همه ما به نوعی اهمال‌کاریم! برخی شـدید هسـتند که باعث اعتراض دیگران و سلب اعتماد آنها می‌شود؛ و برخی نه، اتفاقاً موفقیت‌هایی دارند ولی می‌توانستند خیلی بالاتر باشند، اما به خاطر اهمال‌کاری آن موقعیت‌ها را از دست داده‌اند.

شاید بد نباشد که شما در آزمون اهمال‌کاری وب‌سایت ما شرکت کنید و ببینید
که چه نمره‌ای در این آزمون کسب می‌کنید؟

www.bah.red/ptest

☞ انواع اهمال‌کاری

در این بخش می‌خواهم درباره انواع مختلف اهمال‌کاری و تنبلی صحبت
کنم و بـرای هر کدام از انـواع اهمـال‌کاری روش‌هایـی را مطرح نمایـم. لزومـاً
قـرار نیسـت همـه ایـن راهکارهـا بـرای همه مفیـد باشـد. بعضـی از آنها حتی
همپوشـانی دارند، و برخی کاملاً متناقض همدیگر هسـتند. شما بایـد ببینید در
کدام دسـته قـرار دارید و کـدام یک ازراهکارهـا می‌توانـد به شـما کمک کند.
انـواع اهمال‌کاری مقداری پیچیده و مفصل اسـت و به چهار دسـته کلی تقسیم
می‌شود:

۱) اهمال‌کاری به دلایل گرایشی

۲) اهمال‌کاری به دلیل مسائل شناختی

۳) اهمال‌کاری به دلیل مسائل جسمی

۴) اهمال‌کاری آنلاین

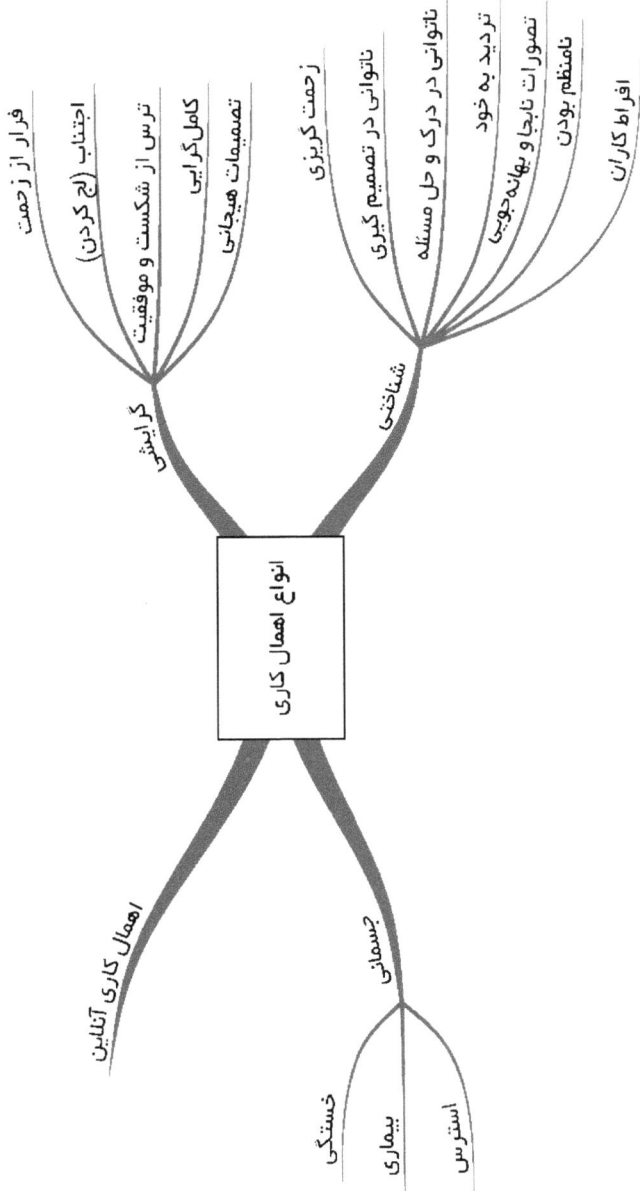

انواع اهمال کاری

گرایشی

شناختی

جسمانی

اهمال کاری آنلاین

گرایشی
- فرار از زحمت
- اجتناب (لج کردن)
- ترس از شکست و موفقیت
- کمال‌گرایی
- تصمیمات هیجانی
- زحمت‌گریزی

شناختی
- ناتوانی در تصمیم گیری
- ناتوانی در درک و حل مسئله
- تردید به خود
- تصورات نابجا و بهانه جویی
- نامنظم بودن
- افراط کاران

جسمانی
- استرس
- بیماری
- خستگی

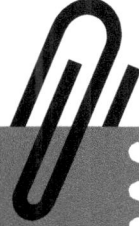

فصل سوم

اهمال کاری به دلیل مسائل گرایشی

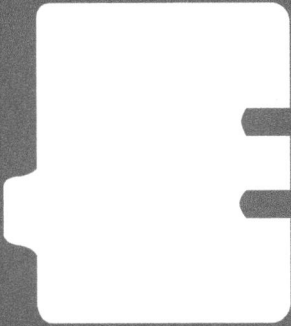

☞ **اهمال‌کاری به دلیل مسائل گرایشی**

منظور گرایش‌های درونی اســت که باعث می‌شود مواقعی از انجام کار اجتناب کنیم، مثلاً برخی مواقع، ترس از شکست و موفقیت داریم.

☞ **اهمال‌کاری به دلیل فرار از زحمت**

بسـیاری از ما به این دلیل اهمال‌کاری می‌کنیـم که فقط می‌خواهیم از زحمتی شانه خالی کرده و خودمان را راحت کنیم، لذا کاری را انجام نمی‌دهیم.

در اهمال‌کاری به دلیل فرار از زحمت، ما کار مهم را به هر دلیلی انجام نمی‌دهیم و به جای آن کاری دیگر را انجام می‌دهیم.

شــاید بهترین مثـال برای این کار زمانی باشـد که غذا در خانه آماده اسـت، اما خودمان را با چیپس سیر می‌کنیم! این یک نمونه بسیار واضح از لذت‌طلبی و فرار از زحمت است.

☜ راهکار ۱: تعیین جایزه

یکـی از بهتریـن روش‌هـا بـرای مقابله با این نوع از اهمال‌کاری این اسـت که به محض اینکه کار کوچکی انجام دادیم، به خودمان جایزه دهیم. این روش، به نظر خیلی سـاده می‌آید، اما می‌تواند بیش از اندازه به ما کمک کند.

جایزه باید چیزی باشد که ما دوست داریم و معمولاً به عنوان اهمال‌کاری از آن اسـتفاده می‌کنیم. مثلاً اگر همیشـه از انجام دادن کارهای مهم فرار می‌کنیم و در اینترنت در حال جستجو هسـتیم و بی‌هدف در سایت‌های مختلف پرسه می‌زنیم، با خودمان قرار بگذاریم: اگر من بیست دقیقه این کاری را که یک مقدار زحمت دارد، انجـام دادم به خودم جایزه می‌دهم و مثـلاً ده دقیقه با خیال راحت و بدون هیچ استرسی وبگردی می‌کنم.

در این صورت، لذت بسیار خوبی را تجربه خواهیم کرد. اول اینکه کار مورد نظر انجام شده است؛ و دوم اینکه از جایزه نیز لذت دو چندانی خواهیم برد.

اقدامک:

کارهایی را که به دلیل فرار از زحمت از انجام آنها شانه خالی می‌کنید، در پایین بنویسید:

ببینید چه جایزه‌هایی می‌توانید برای آنها تعیین کنید؟

همین الان یکی از کارها را انتخاب کرده و برای آن زمان‌بندی انجام دهید. مشخص کنید در صورت انجام آن، چه جایزه‌ای برای خود در نظر گرفته‌اید؟

راهکار ۲: آماده کردن مقدمات

ترفند بسیار پرکاربرد بعدی، بحث آماده کردن مقدمات است. اگر کاری وجود دارد که ما به دلیل فرار از زحمت از آن می‌گریزیم، باید قبل از فرا رسیدن موعد انجام آن، تمام مقدمات را آماده کنیم.

مثلاً اگر قرار است که فردا صبح به ورزش صبحگاهی برویم، احتمال اینکه صبح بلند شویم و لباس‌های ورزشی‌مان را پیدا کنیم، کتانی‌هایی را که احتمالاً در انتهای جا کفشی هستند برداریم، جورابی مناسب پیدا کنیم، موسیقی خوبی همراهمان داشته باشیم، صبحانه بخوریم و... تقریباً صفر است!

ولی کافی است که شب قبل، این کارها را انجام دهید و همه چیز را آماده بگذارید. حتی صبحانه‌ایی را هم که صبح می‌خواهید میل کنید انتخاب کنید. همه چیز دم دست باشد با این هدف که وقتی صبح از خواب بلند شدید، خیلی راحت‌تر به ورزش بروید.

اقدامك:

همین الان بررسی کنید که کدام کارها را می‌توانید با آماده‌سازی مقدمات، کمی آسان‌تر انجام دهید؟

سه مورد از موارد بالا را انتخاب کرده و تصمیم بگیرید که تا امشب مقدمات آنها را فراهم کنید.

☜ فرار از زحمت به لطف دیگران!

مشــکل دیگر در اهمال‌کاری به روش فرار از زحمت، این اســت که ما معمولاً زحمــت کار را گردن دیگران می‌اندازیم. ریشــه این موضوع معمولاً بحثی تربیتی است و متأسفانه بسیاری از والدین آن را ایجاد می‌کنند.

شاید جالب باشد بدانید این موضوع در خانواده ما نیز وجود داشت. پدر و مادر من از روی علاقه زیاد، این رفتار را در فرزندان خودشان شکل دادند و من هم به عنوان یکی از فرزندان آنها، کمی دچار این مشکل بودم.

برای مثال: بسیاری از پدر و مادرها به خاطر علاقه خیلی زیاد به فرزندانشــان ســعی می‌کننــد همه کارهایی را که فرزندانشان باید انجام دهنــد، از دوش آنها بردارند. این باعث می‌شــود که فرزندان در ادامه زندگی خود، نسبت به برخی از کارها مسئولیت‌پذیر نباشند و از زیر بار بعضی از کارها شانه خالی کنند.

مثلاً فرض کنید که همسرم از مــن می‌خواهد زباله‌ها را بیــرون بگذارم. اما از آنجایی که من به این کار علاقه ندارم و مکانیزم اهمال‌کاری فرار از زحمت در من فعال شده است، سرم را شلوغ جلوه می‌دهم، یا خودم را درگیر یک کار می‌کنم و یا جواب نمی‌دهم تا همسرم خودش این کار را انجام دهد.

با این شانه خالی کردن چه اتفاقی می‌افتد؟! آن زحمت از سر من رفع می‌شود و من دیگر زحمتی را متحمل نمی‌شوم. اما من اهمال‌کاری کردم و این موضوع خیلی بیشتر از آن چیزی که فکرش را می‌کنیم، برایمان اثر خواهد داشت.

بــه عنوان اولین گام در جلوگیری از این نوع اهمال‌کاری، ما باید افراد قربانی را پیدا کنیم. افرادی که متأسفانه قربانی اهمال‌کاری ما می‌شوند. بعد، از آنها بخواهیم که جور کار ما را نکشــند! مخصوصاً اگر فردی هستیم که ارتباطات اجتماعی قوی داریم و دارای دوستان زیادی هستیم، و شاید هم کمی دوست‌داشتنی باشیم، ممکن است افراد زیادی حاضر شوند این کارها را برایمان انجام دهند.

دوستی دارم که روابط اجتماعی بسیار بالایی دارد و به دلیل همین روابطی که ایجاد کرده است، در حیطه رفت و آمد معمولاً اهمال‌کاری می‌کند و همیشه کسی باید او را برساند! از آنجایی که رفت و آمد با این دوست من بسیار لذت‌بخش است، اکثر افراد از این موضوع خیلی ناراحت نمی‌شوند. اما به مرور زمان دوستان او حس خوبی نخواهند داشت!

اقدامك:

همین الان خواندن کتاب را متوقف کنید و با کســی که قربانی اهمال کاری شماست صحبت کنید و بگویید لطفاً کارهایی را که تــا حالا برایتان انجام می‌داده، از این پس به خودتان واگذار کند. دلیل این کار را نیز برایش ذکر کنید.

مورد بعدی در ارتباط با افرادی که زحمت اهمال‌کاری ما بر عهده آنان اســت، این است که از آنها بخواهیم احساس‌شان را نسبت به انجام آن کار بگویند. مطمئناً هیچ کس از اینکه شـــما کاری را انجام نمی‌دهید و به خاطر اهمال‌کاری شـــما، او مجبور به انجام آن است، خوشحال نمی‌شود.

از این افراد بخواهید راجع به کاری که به جای شما انجام می‌دهند، کمی توضیح دهند و حس خود را از این شرایط بگویند. به احتمال خیلی زیاد، این موضوع باعث می‌شود دیدمان نسبت به اهمال‌کاری تغییر کند.

نکتـــه بعدی در مـــورد قربانیان اهمال‌کاری این اســت که از آنهـــا بخواهیم که انتظارشان را از ما خیلی پایین نیاورند و در حدّ قابل قبولی از ما انتظار داشته باشند.

☞ **به عواقب مثبت و منفی فکر کنید**

داستان راحت‌طلبـی، فرار از زحمت و لذت‌طلبی مثل این اسـت که ما تصمیم می‌گیریم تعدادی شیرینی کوچک در دسترس خود را بخوریم و از شیرینی اصلیِ بزرگِ خوشـمزه چشم‌پوشـی کنیم. بنابراین فکر کردن به اینکـه چه لذتی را در آینده از دست می‌دهیم می‌تواند به ما کمک کند.

اقدامك:

حتماً یادداشـت کنید که با اهمال کاری چه چیزهایی را از دسـت می‌دهید؟

چـه ارتباطاتی را از دسـت می‌دهید؟ یا باعث ناراحتی چه کسـانی می‌شوید؟

نسبت به خودتان چه حسی خواهید داشت؟

چه فرصت‌ها، چه موقعیت‌های کاری و ... را از دست می‌دهید؟

به این فکر کنید که در صورت اهمال کاری نکردن و اجرای کارهای مورد نظر چه نتایج خوبی را به دست خواهید آورد؟

☞ **فقط یك گام بردارید**

نکته جالب این است که ما در این کار، فقط باید یک قدم برداریم. یعنی حتی اگر هنوز آماده نیستیم که خیلی راحت این کارها را انجام دهیم، تلاش کنیم که فقط یک قدم برداریم. این کار تقریباً مشابه همان ۵ دقیقه شروع کردن است که در ابتدای مطالعه کتاب آن را مطرح کردم.

مهم این است که فقط گام اول را برداریم و مطمئن باشیم نتایج بسیار بهتری را می‌توانیم کسب کنیم.

جمله بسیار قشنگی در این رابطه شنیدم که خیلی از ما به خاطر اتفاقی که قرار است در آینده رخ بدهد، اهمال‌کاری می‌کنیم. جمله از این قرار بود:

📌 بهترین زمان برای کاشتن یك درخت بیست سال پیش بود و زمان بعدی که بهترین زمان است، همین الان است! درخت‌هایتان را بکارید و در آینده بهترین ثمرات را به دست بیاورید.

☞ **اهمال‌کاری به دلیل اجتناب**

گروه دیگری که اهمال‌کاری می‌کنند، گروه اجتنابی هسـتند که می‌توان گفت اهمال‌کاری آنها فقط به دلیل لج کردن با دیگران اسـت! متأسفانه باید بگویم که خود من هم تا حدّی دچار این موضوع بودم و هستم!

کافی اسـت که کسی با لحن دسـتوری- و کمی آمرانه- به من بگوید که فلان کار را بکن! حتی اگر در حال انجام دادن آن کار باشم، صدایی در درون من فعال می‌شود و می‌گوید که: این کار را نکن تا حالش جا بیاید!

اجازه دهید یک مثال جالب در این مورد مطرح کنم. من همیشه لیست کتاب‌های مورد علاقه‌ام را که در آینده باید بخوانم، می‌نویسم. در دوران دانشجویی‌ام، استادی بـا لحن بسـیار آمرانه و البته کمی بی‌ادبانه گفت: بایـد تا هفته بعد کتاب فلان را بخوانید. جالب بود آن کتاب در صدر لیسـت مطالعاتی من قرار داشت و قرار بود که آن را بخوانم، اما به محض شنیدن این لحن بد، دقیقاً اهمال‌کاری سراغم آمد. من آن موقع با این تکنیک‌هایی که می‌خواهم در ادامه به شـما بگویم آشنا نبودم، بنابراین آن کتاب را تا زمان فارغ‌التحصیلی خودم هم نخواندم!

حالا باید چطور این کار را انجام دهیم و نگذاریم که به دلیل لج بازی، از هدف خودمان دور شویم؟ در ادامه قصد دارم راهکارهایی برای این موضوع مطرح کنم.

☞ **تفکر به اهمیت و نتایج مطلوب آن**

اولین اقدام این است که به اهمیت آن کار فکر کنیم. آیا آن کار برای خودمان فایده‌هایـی دارد یا خیر؟ به جای آنکه به این موضوع فکر کنیم که لحن این فرد چگونه بود، باید به این موضوع فکر کنیم که با انجام دادن این کار به چه نتایجی دست پیدا خواهیم کرد؟

اقدامك:

اگر دچار این نوع از اهمال‌کاری هســتید، مشخص کنید که در چه زمان‌هایی و نسبت به چه افرادی و یا چه کارهایی حساسیت دارید؟ سعی کنید در خطوط زیر بنویسید که این کارها چه نتایجی برای شما خواهند داشت؟

☞ به دیگران آموزش دهیم

مــورد بعدی این اســت که اگــر می‌توانیم، به دیگــران یاد دهیم چطــور از ما درخواست کنند. مثلاً می‌توانیم از همسر، پدر و مادر، خواهر و برادر یا دوستان‌مان خواهش کنیم که جملاتشان را به حالت دستوری نگویند.

لطفاً این شکلی از من درخواست کن، حسّ خیلی بهتری خواهم داشت. خودتان هم البته این درخواســت را درست انجام دهید! این نکته بسیار مهم است و کمک می‌کند که نارضایتی شما کمتر شود.

☞ لغت‌نامه بسازید

و ســومین راهکار این است که یک لغت‌نامه بسازید! جاهایی که بیش از اندازه به شما دستور داده می‌شود، شما باید یک لغت‌نامه بسازید. با داشتن یک لغت‌نامه می‌توان این مشکل را رفع کرد.

مثــلاً اگر کســی به ما می‌گوید که باید این کار را انجـــام دهید، من برای خودم ترجمه می‌کنم: اگر دلت خواست انجام بده و اگر دلت نخواست انجام نده و حالا من دلم می‌خواهد، پس انجام می‌دهم!

شاید به نظر برسد که این کار خیلی مسخره است. اما حقیقت این است که این روش بسیار عالی جواب می‌دهد! کافی است آن را امتحان کنید زیرا ما می‌خواهیم شدت آن تحکّم را با این گفتار کم کنیم.

☞ اهمال‌کاری به دلیل ترس از شکست و موفقیت

نوع دیگری از اهمال‌کاری که اتفاقاً بســیار متداول اســت، ترس از شکســت و موفقیت است.

نه! اشـتباه تایپی نیست! هم ترس از شکست، و هم ترس از موفقیت وجود دارد! بســیاری از اوقات ما در کارهایی اهمال‌کاری می‌کنیــم نه به دلیل تنبلی! بلکه به دلیل اینکه می‌ترسـیم نکند شکست بخوریم و با عباراتی همچون عبارات پایین با خود صحبت می‌کنیم:

نکنه نشه یا از اون طرف اگر بشه چی میشه؟! اگر من مدیر آنجا بشم چی؟ مگه می‌تونم از پسش بر بیام؟

در این حالت در واقع از موفقیت ترس داریم که با یک واسـطه می‌شــود ترس از شکست!

اقدامک:

حتماً یک کاغذ و قلم بردارید و اگر این موضوع دلیل کار شماست، بنویسید که در ارتباط با چه فعالیت‌هایی نگران هستید؟

نظر دیگران، معمولاً یکی از مهم‌ترین دلایل اهمال‌کاری است. حتماً مدنظر داشته باشید که شما برای دیگران زندگی نمی‌کنید! شما برای خودتان زندگی می‌کنید، بنابراین اصلاً نباید به نظر دیگران توجه کنید! (البته منظورمان بی‌توجهی به دیگران و حقوق آنها نیست، بلکه منظورمان این است که نکند به اشتباه از زندگی خود به دلیل جلب نظر دیگران دست بکشیم.)

☞ شکست خوردن اشتباه نیست!

اولین راهکار این است که راهی پیدا کنیم تا این ترس از شکست را در خودمان حذف کنیم! متأسـفانه سیستم آموزشـی ما، خانواده، جامعه، رسانه و ... همه به ما گفته‌اند که تو نباید شکست بخوری! در صورتی‌که اصلاً اینطوری نیست.

اگر آماده شکست خوردن نباشیم، هیچ‌وقت خلاقیتی از ما بروز نخواهد کرد. هیچ‌وقت چیز جدیدی کشف نمی‌کنیم.

فرض کنید همه انسـان‌هایی که دنیا را تغییر دادند، این دیدگاه را داشـتند که نباید شکسـت بخورند. آن موقـع چه اتفاقی می‌افتاد؟ آن موقـع نه چراغی تولید می‌شـد، نه ماشـینی، نه دوربینی و نه اینترنتی وجود داشت و نه کامپیوتر و تبلتی. شاید هم نه من وجود داشتم و نه شما!

بنابراین خیلی مهم اسـت که بدانیم شکست چیز بدی نیست. بلکه ترسیدن از شکست خوردن بسیار بد است.

در ادامه بحث‌ها درباره تغییر، از کتاب Switch[1] که توسـط «چیپ هیت و دن هیت» نوشته شده، مطالب جالبی را برای شما بیان می‌کنم.

☞ در کار شیرجه بزنید

یکی از مهم‌ترین کارهایی که می‌توان انجام داد تا از دست این نوع اهمال‌کاری رهایی یابیم، این اسـت که بپریم وسط کار! یعنی خودتان را وسط کار قرار دهید، البته نه در کارهایی که ریسک‌شان خیلی بالا است.

اگر ترس از شکسـت دارید، خودتان را بیندازید در موقعیت. برای شـنا کردن

---

۱. این کتاب با نام «کلید را بزن» توسط «نشر البرز» منتشر شده است.

باید بپرید توی استخر و هیچ‌وقت نمی‌شود از کنار استخر، شنا یاد گرفت.

همیشه در کلاس‌ها و دوره‌های سخنرانی این موضوع را مشاهده می‌کنم تعدادی از شرکت‌کنندگان که از سخنرانی ترس زیادی دارند، هیچگاه برای تمرین سخنرانی اقدام نمی‌کنند! بنابراین کاری که من انجام می‌دهم، این است که آنها را مجبور می‌کنم شیرجه بزنند وسط سخنرانی!

معمولاً افراد می‌بینند که شرایط آنقدرها هم ترسناک نیست!

نکته بسیار مهم این است که دقت کنیم در کارهایی که ریسک آنها خیلی بالاست، شیرجه نزنیم! در ابتدای کار در مورد کارهای کوچک این موضوع را امتحان کنیم و سپس پله به پله مهارت خود را ارتقا دهیم.

☞ **پیشگویی نکنید!**

یکی از اصلی‌ترین اشتباهاتی که باعث می‌شود کار ما به اهمال‌کاری ختم شود، این است که بیش از اندازه در مورد افراد و شرایط مختلف پیشگویی می‌کنیم و به دلیل گفتگوی ذهنی با خودمان، موضوعات را بیش از اندازه بزرگ می‌کنیم!

مثلاً همین الان در حال بازگشت از سفری هستم که برای اجرای یک کارگاه یک روزه ترس از سخنرانی تشکیل شده بود. در این کارگاه از شرکت‌کنندگان در مورد ترس‌هایشان و دلیل ترسشان از سخنرانی پرسیدم، و جواب‌هایی مانند موارد زیر را شنیدم:

● اگر زمین بخورم چه؟
● اگر شلوارم پاره شود چه؟!
● اگر برق قطع شود چه؟
● اگر....

این اگرها گاهی آنقدر پررنگ می‌شوند که عملاً افراد از اصل کار- یعنی سخنرانی- باز می‌مانند و فراموش می‌کنند که کارهای مهم‌تری دارند. شاید برایتان جالب باشد اگر بدانید که درصد قابل توجهی (۸۵ درصد) از ترس‌های ما هیچگاه رخ نخواهند داد و اکثر ترس‌های ما توهمی بیش نیستند. اما به دلیل توجه بیش از اندازه به آنها، مشکلات زیادی برای خود ایجاد می‌کنیم.

بنابراین کاری که باید انجام دهید، این است که اطلاعات مناسب را از منابع درست کسب کنید. پس اگر به مواردی نظیر اینکه: اگر بروم این‌طوری می‌شود! بعد آن‌طوری می‌شود! بعد این‌طوری می‌شود!، برخورد کردیم، بدانیم که در حال

ذهن‌خوانی و یا پیشگویی هستیم و این باعث می‌شود که ترس ما از شکست بیشتر شـود. معمولاً ما آن‌قدر شـرایط را بزرگ می‌کنیم که بدترین حالت ایجاد شـود و ببینیم بدترین حالت چیسـت؟ و عملاً با این کار ترس خود را بسیار زیاد می‌کنیم. زیرا موضوع را به یک بحران تبدیل کرده‌ایم و سپس راجع به آن فکر می‌کنیم. بعد هم خواهیم گفت که ریسکش بالاست و آن را انجام نخواهم داد!

اما درست آن اسـت که بگویم: من می‌خواهم این را انجام بدهم! ممکن است این‌طوری هم شـود و شـرایط بحرانی هم رخ دهد، اما احتمال آن بسیار کم است. اگر هم آن‌طور شد مشکلی ندارد و بهتر از انجام ندادن است!

مایـکل جـردن جمله بسـیار زیبایی دارد که مـن آن را واقعاً دوسـت دارم. او می‌گوید که:

📌 می‌توانم شکست خوردن را بپذیرم، اما تلاش نکردن را هرگز!

☞ الگوهای موفق

یکی از بهترین اتفاقاتی که هر انسان موفقی می‌تواند در زندگی خود به آن دست پیدا کند، لحظاتی اسـت که با افراد بسیار موفق‌تر از خود می‌گذراند! حتماً توصیه می‌کنم تا حدّ ممکن با فرد موفق در کار خودتان گفتگو کنید.

نکته جالبی که از نتایج گفتگو نصیبمان می‌شود، این است که بسیاری از اوقات می‌بینیم اطلاعات ما در کارمان بیشـتر از اوسـت و بیشتر از او تکنیک‌هایی را بلد هستیم، ولی او جرأت داشته و اجرا کرده و از شکست و موفقیت نترسیده! اما این ترس باعث اهمال‌کاری در ما شده است!

البته باید مراقب باشـیم کـه در یافتن این افراد دچار اهمال‌کاری نشـویم و از بهانه‌هایی مثل اینکه چطور می‌توانم آنها را پیدا کنم، و یا آنها حاضر نیسـتند به ما وقت بدهند و ... جداً دوری کنیم.

☞ چه کسی گفته نباید شکست بخوریم؟

آخرین نکته این است که به این موضوع فکر کنید:

چه کسی گفته است که ما نباید شکست بخوریم؟ واقعاً چه کسی گفته؟!

این‌قدر باید شکست بخوریم که قدرتمندتر شویم و با توانمندی خیلی بیشتری پیش برویم.

تا شکست نخوریم، چیز جدیدی یاد نمی‌گیریم. آیا آماده‌اید که دنیای جدیدی را کشف کنید؟

اهمال‌کاری به دلیل کامل‌گرایی

دسته بعدی از دوستان اهمال‌گر، افراد کامل‌گرا هستند. من عمداً از واژه کمال‌گرا استفاده نمی‌کنم، چون کمال‌گرا یعنی کسی که می‌خواهد دائماً رشد کند و به سمت کمال برسد. اما کامل‌گرا کسی است که می‌خواهد از همان اول کامل باشد و این افراد معمولاً به هیچ جا نمی‌رسند! (هرچند اگر می‌خواهید در این موضوع بیشتر بدانید باید به دنبال واژه کمال‌گرایی یا کمال‌طلبی باشید نه کامل‌گرایی، زیرا در زبان فارسی، موضوع کامل‌گرایی بیشتر با این اسامی شناخته می‌شود.)

من بارها و بارها با چنین افرادی گفتگو داشتم. ایده‌های بسیار خوبی از ایشان شنیدم که می‌گفتند قصد دارند آن را انجام دهند. سال بعد که می‌دیدمشان و می‌پرسیدم که پروژه آنها به کجا رسیده؟ به من می‌گفتند که حالا درگیر وب‌سایت هستیم. سال بعدتر می‌دیدمشان، می‌گفتم چی شد؟! می‌گفتند خُب یک نوع وب‌سایت جدید آمده و درگیر آن هستیم و همین طور درگیر چیزهای ریز ریز...

افراد کامل‌گرا از آنجایی که می‌خواهند همه چیز کامل باشد، نمی‌توانند به خواسته‌های خود برسند و این بزرگترین دام برای این افراد است.

افراد کامل‌گرا اعتقاد دارند هر چیزی یا باید کامل کامل باشد، یا اصلاً نباشد. و معمولاً چون هیچوقت نمی‌توانند کامل باشند، ترجیح می‌دهند که نباشند!

متأسفانه واقعیت این است که کامل‌گرایی، ناشی از احساس کمبود خودمان است. ما قبول نمی‌کنیم همین جور که هستیم، خوبیم و ناچاریم که نقص‌هایمان را با کسب یک عنوان بی‌نقص مثل «آقایِ کاملِ ممتاز همه چیز تمام» جبران کنیم و این اتفاق اصلاً خوب نیست.

اما برویم سراغ راهکارهای این موضوع تا ببینیم که با چه روش‌هایی می‌توانیم از کامل‌گرایی رهایی پیدا کنیم؟

☞ به صورت گروهی کار کنیم

اولیـــن راهکار این اســت کـــه به صورت گروهـــی کار کنیم. ایده بسیار خوبی اسـت که ما عضوی از یک گروه باشیم. در صورت فعالیت در یک گروه، بی‌شک استانداردهایمان از کامل‌گرایی کمی پاییـــن می‌آید و می‌تواند خیلی به ما کمک کند.

در مورد کار گروهی باید توجه داشته باشیم که با کامل‌گرایی خود، باعث ایجاد مشـــکل برای دیگران نباشـــیم و ببینیم که استاندارد آنها در چه حدّ است و مطابق استاندارد گروه حرکت کنیم.

بسیار مهم است که از هم‌گروهی‌هایمان بخواهیم در صورتی که از ما رفتارهایی مبنـــی بر کامل‌گرایی دیدنـد، به ما اطلاع دهند و ما نیز ســعی کنیم تا حدّ ممکن سخت نگیریم!

☞ بهتر از متوسط باشیم

روش بعدی این اســت که ســعی کنیم بهتر از متوسط باشـیم. همین! در این روش کافیسـت مرزی بگذاریم و بگوییم که فقط باید بهتر از متوسـط باشیم و لازم نیسـت تـلاش خاصی انجام بدهیم. یـا اگر خیلی کامل‌گرا هسـتیم و یا لازم اسـت که در کار خیلی خوب باشـیم یا جزء بهترین‌ها باشـیم، با خودمان قراربگذاریم که من می‌خواهم فقط ۱۰٪ بهتر از نفر قبل باشـم. همین! نه اینکه کامل کامل باشم!

متأســفانه بسیاری از ما به دلیل کامل‌گرایی بیش از اندازه فراموش می‌کنیم که نمی‌توانیم در همه زمینه‌ها بهترین باشیم و در هر زمینه‌ای خودمان را با بهترین‌ها مقایسه می‌کنیم. همین موضوع باعث می‌شود که میزان نارضایتی از خودمان بسیار بالا برود.

باید این نکته را در نظر داشته باشیم که هر انسانی می‌تواند فقط در چند حیطه محدود جزء بهترین‌ها باشد و تلاش برای اینکه در یک یا چند مورد مشخص بسیار کامل باشیم ایرادی ندارد (آن هم به شرطی که به افراط‌گرایی نرسد). اما مشکل زمانی آغاز می‌شود که ما تلاش می‌کنیم در همه زمینه‌ها جزء بهترین‌ها باشیم و از آنجایی که این موضوع امکان‌پذیر نیست، دچار مشکل خواهیم شد.

۱۰ درصد بهتر از نفر اول

یکی از بهترین پیشـنهادها برای مواقعی که نگرانیـم در کار تخصصی خودمان بیش از اندازه کامل‌گرایی به خرج بدهیم، استفاده از روش ۱۰ درصد است!

در بسـیاری از اوقات ۱۰ ٪ بهتر بودن، نتایج بسیار بهتری دارد. مثلاً اگر شما در کار بازاریابی ۱۰ ٪ از نفر اول بهتر باشید، یعنی عملاً آن فرد می‌شود نفر دوم و شما می‌شوید نفر اول، و شما با ۱۰ ٪ اختلاف بهتر هستید و فروش‌تان بین ۱۰۰ تا ۲۰۰ درصد بیشتر خواهد بود!

دقیقاً مثل این می‌ماند که در یک مسابقه دو سرعت، نفر اول از نفر دوم فقط ۵ سـانتی‌متر جلوتر باشد. ولی جایزه‌ایی که نفر اول می‌گیرد با نفر دوم قابل مقایسه نیست! و احتمالاً دو برابر خواهد بود.

پس کامل‌گرایی در هر جایی و هر شرایطی اصلاً ضرورتی ندارد و فقط باید سعی کنیم که کمی بهتر از دیگران باشیم.

اگر کامل‌گرا هسـتید، باید سـعی کنید که صفر و یک نگاه نکنید و تفکر فازی

داشته باشید. این طور نگویید که یا باید این طوری باشد یا اصلاً نباشد. بلکه یک حاشیه امنیت اشتباه و درست نشدن بسیار زیاد را نیز در نظر داشته باشید.

برای مثال اگر من بگویم زمانی این کتاب را چاپ می‌کنم که هیچ غلط تایپی نداشته باشد، تقریباً مطمئن خواهم بود که هیچوقت این کتاب چاپ نخواهد شد! بنابراین بهترین کار این است که برای خود حاشیه امنیتی در نظر بگیرم و بگویم که مثلاً ۴۰ صفحه اول را می‌خوانم و کتاب را به ویراستار نیز می‌دهم تا بازخوانی کند، اگر یک یا دو غلط پیدا شد، مشکلی نخواهم داشت و کتاب را چاپ خواهم کرد. اما اگر بیشتر از آن بود، شاید لازم باشد آن را بازنگری کنم.

الگوهای موفق!

پیشنهاد بعدی، کمک گرفتن از دیگران است! در این شرایط باید افرادی را پیدا کنیم که بیش از اندازه کامل‌گرا نباشند ولی در کارشان موفق باشند و دائماً از آنها بپرسیم که آیا الان من دارم زیاده‌روی می‌کنم؟ و به محض تأیید آنها باید از کارمان دست بکشیم.

این را یاد بگیریم که شروع کردن خیلی بهتر از شروع نکردن است. یعنی باید بنایمان را بگذاریم که شروع کنیم، حالا اگر نشد هم نشد!

جمله بسیار زیبایی را از مارک تواین می‌خواندم که می‌گفت:

> من ترجیح می‌دهم برای کارهایی که انجام دادم حسرت بخورم تا کارهایی که انجام ندادم!

اما معمولاً کامل‌گراها دچار این مشکل هستند، چون آنها معمولاً کاری انجام نمی‌دهند و مطمئناً حسرت آن را خواهند خورد.

این جمله را بارها از دوستان کامل‌گرای خودم شنیده‌ام که اگر زودتر می‌جنبیدم، الان این شرکت، ایده مرا نمی‌دزدید و....

تعیین مهلت انجام کار

بهترین کار این است که برای خودتان ضرب‌العجل یا همان deadline تعریف کنید. (ممکن است مرا راهنمایی کنید تا بدانم معادل فارسی این دو واژه چیست؟) ضرب‌العجل یا همان مهلت انجام کار، زمانی است که فرصت داریم تا آن اتفاق

رخ دهد. در صورتی که برای کار خود مهلت انجام در نظر نگیریم، بی‌شک آن کار هیچگاه تمام نخواهد شد!

تحقیق بسیار جالبی توسط دانشگاه ام آی تی انجام شده بود که در آن سه گروه شرکت داشتند و به شرکت‌کنندگان متنی داده شد که تعداد قابل توجهی غلط تایپی داشت. به هر گروه از شرکت‌کنندگان به صورت متفاوتی گفته شد که غلط‌ها را پیدا کنند.

به یک گروه گفته شد که لطفاً این متون را ببرید و غلط‌ها را مشخص کنید و بیاورید. به طور متوسط، بعد از ۱۲ روز، متن‌ها توسط آن افراد آورده شد. در حقیقت برای این افراد مهلت تعیین نشده بود و آنها به طور متوسط ۷۰ غلط پیدا کرده بودند.

گروه دوم افرادی بودند که به آنها گفته شد که یک مهلت انجام کار برای خودتان تعیین و مشخص کنید که این کاغذها را چه زمانی می‌آورید و متوسط افراد، ۶/۵ روز بعد، آن را تحویل دادند و تعداد غلط‌هایی که پیدا کرده بودند حدود ۱۱۰ غلط بود! یعنی زمان کمتر شده بود و تعداد غلط‌های یافته شده بیشتر هم شد!

اما افراد گروه سوم خیلی جالب بودند! یک نفر از آن گروه تحقیقاتی دانشگاه با آنها تماس می‌گرفت و کارشان را پیگیری می‌کرد و مثلاً می‌پرسید که الان کجا هستید؟ و این کار را استمرار می‌بخشید.

جالب بود آنها غلط‌های خیلی بیشتری را پیدا کرده بودند! ۱۳۶ غلط، یعنی بیش از دو برابر گروه اول. زمان هم خیلی کم شده بود، حدود ۵ روز. این تحقیق اهمیت بحث مشخص‌کردن مهلت انجام کار و همین طور پیگیری را نشان می‌دهد. بنابراین در ادامه، راهکارهایی کاملاً کاربردی در این زمینه ارائه می‌کنم.

☜ از پول مایه بگذارید!

یک کار بسیار جالب و البته خطرناک این است که شما مقداری پول به یک دوست بدهید و بگویید که اگر من تا تاریخ مشخص کاری مشخص را انجام دادم، این پول را به من برگردان؛ و اگر این کار انجام نشد، این پول برای خودت! یا به یک مؤسسه خیریه پرداخت کن!

در این صورت چون صحبت از پول است نه جان! بسیاری از ما کامل‌گرایی را کنار می‌گذاریم و طبق مهلتی که داریم، اقدام می‌کنیم؛ و اگر یک یا دو مرتبه این

کار را انجام ندادیم و پول قابل توجهی از دستمان رفت، دیگر این موضوع را بسیار جدی‌تر پیگیری خواهیم کرد.

نکته بسیار مهم این است که دوستی را انتخاب کنیم کـه در بازگرداندن پول‌هایمان اهمال‌کاری نکند!

☞ آیا باید کامل باشم؟

از دیگر گام‌هایی که در این راستا باید برداریم، این است که از خود بپرسیم:

📌 آیا من برای انجام این کار واقعاً باید کامل باشم؟

مثلاً فرض کنید که می‌خواهیم هدیه‌ای برای یک دوست خیلی معمولی بخریم و تمام مدت نگرانیم که شاید از هدیه ما خوشش نیاید! و ... حال آن که اصلاً این دوست برای ما جایگاه بالایی ندارد و ما برای ایـن کار نباید زمان زیادی صرف کنیم.

یکی از دوستان من می‌خواست یک کتاب الکترونیکی بنویسـد که آن را در سایت خود قرار دهد. نگارش یک کتاب الکترونیکـی ۲۰ یا ۳۰ صفحه‌ای نباید بیشـتر از یک یا دو روز و یا حداکثر ۴ روز طول بکشـد. شاید برایتان جالب باشد که بدانید این کار برای او بیش از سه ماه و نیم طول کشید و این کتاب واقعاً عالی بود. اما یک اشـتباه بسـیار بزرگ داشت که از چشم او پنهان مانده بود و از همین رو عملاً مجبور شد کلّ این کتاب را دوباره بنویسد. همین موضوع باعث شد که در عمل هیچ وقت پروژه‌اش رونمایی نشود، حداقل تا الان!

☞ در مواجهه با دیگران

از آنجا که کامل‌گرایی به دلیل احسـاس بی‌کفایتی و کمبود خودمان است، این موضوع خیلی طبیعی است که ما به دلیل کامل‌گرایی بیش از اندازه، دیگران را از خود آزرده‌خاطر کنیم و نه تنها زحمات آنها را قدر ندانیم، بلکه به آنها برچسب تنبل، بی‌خاصیت یا بی‌توجه بودن بچسبانیم. بدون هیچ تردیدی این موضوع باعث ناراحتی دیگران خواهد شد.

یکی از بهترین تمرین‌ها این است که تا حدّ ممکن سعی کنیم قدرشناس باشیم

و زحمات دیگران را تحسین کنیم. قدرشناسی باعث می‌شود دنیای خود را کامل و درست احساس کنیم؛ و از آن مهم‌تر اینکه باعث می‌شود بپذیریم که نه تنها دنیا نقص دارد، بلکه ما نیز دارای نقص هستیم.

اقدامك:

همین الان یک لیست کامل (حداقل ۳۰ موردی) از دلایلی بنویسید که به خاطر آنها از زندگیتان راضی و شکرگزار هستید.

☞ اهمال‌کاری به دلیل تصمیم‌های هیجانی

آخرین گروه از اهمال‌کاری به دلایل گرایشــی، افرادی هســتند که فقط هیجان شروع دارند! چنین افرادی، ایده‌ای دارند و آماده‌اند اجرای آن را شروع کنند. این ایده برای اجرا ۶ ماه زمان نیاز دارد، اما ظرف مدت چند روز یا حداکثر چند هفته، ایده‌ای جدید به ذهنشــان خطور می‌کند و آنها کلّ ایده قبلی را رها می‌کنند و به سراغ ایده جدید می‌روند!

چندین ســال پیش بود که من در یک شــرکت دارویی، مدیر فروش بودم. آن شرکت مدیری داشت که بسیار فعال و پیگیر بود، اما به شدت تصمیم‌های هیجانی می‌گرفت. یعنی وسط یک پروژه که تازه شروع شــده بود، ناگهان سراغ ایده‌ای

دیگر می‌رفت. عملاً به جای بازاریابی، تمام تلاشم این بود که او را متقاعد کنم اول یکی از کارهایی را که شروع کرده‌ایم، به اتمام برسانیم و بعد به سراغ کار بعدی برویم.

راهکارهایی که در این صورت باید مدّ نظر داشته باشیم، به شرح زیر هستند:

ایجاد تأخیر در کارها

در کار، کمی تأخیر ایجاد می‌کنیم. به این دلیل که وقتی یک ایده هیجانی به سراغ ما می‌آید، به دلیل هیجان، هورمون‌هایی ترشح می‌شود که روی تصمیمات ما اثر دارند. تأخیر باعث می‌شود تا هیجان ایده فروکش کند و درست تصمیم بگیریم.

مشاوره با منفی‌نگرها!

یکی دیگر از راه‌ها این است که با انسان‌های منفی‌نگری که تجربه دارند مشورت کنیم! در این حالت به دلیل روبرو شدن با جنبه‌های منفی کار، متوجه می‌شویم که آیا این موضوع فقط یک هیجان زودگذر است یا یک ایده اجرایی.

علی‌رغم آنکه بسیار مثبت‌نگر هستم، برای بسیاری از اطرافیانم این نقش را ایفا می‌کنم. کسانی که تصمیم هیجانی می‌گیرند و کارهای قبلیشان را رها می‌کنند، وقتی کارشان را به من می‌گویند نکات منفی را برای آنها پر رنگ می‌کنم تا ببینم تصمیم‌شان احساسی است یا اینکه واقعاً در این کار استمرار خواهند داشت؟!

اقدامک:

هر زمان که یک ایده هیجانی به ذهن شما آمد، این سؤالات را از خود بپرسید.

۱. آیا این ایده، مرا به هدفم نزدیک می‌کند؟
۲. آیا این کار الان اولویت دارد؟
۳. آیا می‌توانم کمی صبر کنم تا کارهای قبلی‌ام تمام شود؟
۴. در صورت رها کردن کار قبلی، چه بهایی پرداخت می‌کنم؟

در این صورت، بهترین کار این است که تعداد بیشتری پرسش از خود بپرسیم. این پرسش‌ها کمک می‌کنند تا حدّ ممکن در کار وقفه ایجاد شود تا اگر هیجان آن کاذب است، از بین برود.

فصل چهارم

اهمال کاری به دلیل مسائل شناختی

اهمال‌کاری به دلیل مسائل شناختی

بعد از اهمال‌کاری به دلیل مسائل گرایشی، نوبت می‌رسد به بحث اهمال‌کاری به دلیل مسائل شناختی. برخی مواقع در شناخت مسئله مشکل داریم، بعضی اوقات نمی‌توانیم درست تصمیم‌گیری کنیم، زمانی از زحمت فرار کرده و تصور اشتباهی نسبت به زحمت داریم، مواقعی نیز نسبت به خودمان مردد هستیم. همه این‌ها مشکلات شناختی هستند که در این بخش به آنها خواهیم پرداخت.

اهمال‌کاری به دلیل زحمت‌گریزی

اهمال‌کاری به دلیل مسائل شناختی، انواع مختلفی دارد که یکی از آنها بحث زحمت‌گریزی است. خیلی بامزه است که همه، توقع داریم دیگران تأییدمان کنند، همه شرایط باید عالی باشد، همه چیز باید بر وفق مراد ما باشد و خب ان‌شاء الله خوب پیش می‌رود و ...

چندی پیش من به تعدادی دانشجو مشاوره دادم که چطور کسب و کار خودشان را راه‌اندازی کرده و بتوانند سود خوبی کسب کنند. یکی از گام‌ها برای شروع کسب و کارشان این بود که وب‌سایتشان را راه‌اندازی کنند.

به یاد می‌آورم اولین وب‌سایت خودم را که راه‌اندازی کردم، سیستم‌های آماده سایت‌سازی اصلاً متداول نبود و شاید نزدیک دو یا سه ماه، به صورت شبانه‌روزی درگیر این بودم تا سایتم آماده شود.

سیستم‌های مختلف برنامه‌نویسی و کدنویسی را تست می‌کردم تا سایت آماده شود. اکنون بر خلاف شرایط آن دوره، طراحی سایت بسیار ساده است.

جالب بود یکی از آن دانشجویان، خیلی ساده و فقط ظرف مدت ۱۵ دقیقه یک سایت با قالب آماده را بالا آورد و برای انجام این کار شاید ۱۵ دقیقه کلاً وقت نگذاشت و در پایان گفت که چقدر این کار دردسر دارد! امّا زمانی که در قسمتی از طراحی صفحه اصلی دچار مشکل شد گفت: نه بابا! مثل اینکه این کار هم نمی‌شه!

متأسفانه بسیاری از ما زحمت‌گریز هستیم؛ یعنی تا مشکلی پیش می‌آید، می‌گوییم: می‌خواستم این کارم را انجام بدهم اما نشد، یا شرایط اجازه نداد!

این موضوع چند مرتبه پیش آمده که وقتی به یک رستوران یا فروشگاه می‌روم و متوجه می‌شوم مالک آنجا در کلاس‌ها یا سمینارهای من شرکت کرده یا از طریق سایت با من آشنایی داشته، معمولاً از من خواسته می‌شود در مورد رشد کسب و کارشان چند ایده به آنها بدهم. (فکر کنم شما نیز می‌دانید که در گذشته در زمینه بازاریابی و فروش نیز فعالیت‌هایی داشته‌ام.)

با توجه به تجربیاتم چند ایده مطرح می‌کنم، ولی معمولاً می‌شنوم که: نه، اینم اتفاقاً یک بار تست کردیم نشد!

من می‌گویم: خب دقیقاً چه اتفاقی افتاد که نشد؟!

می‌گویند: کارمندها کارها را انجام نمی‌دهند، نمی‌شود!

یعنی افراد متأسفانه به محض اینکه کوچک‌ترین مشکلی رخ می‌دهد، کار را رها می‌کنند. باید بدانیم که این موارد اکثراً بهانه هستند.

چه کسی گفته که همه چیز باید بر وفق مراد ما باشد؟! اگر در پی موفقیت هستیم، باید آماده مشکلات هم باشیم و بدانیم که باید بهای موفقیت را بپردازیم.

در ادامه راهکارهایی برای مدیریت این نوع از اهمال‌کاری را با یکدیگر مرور می‌کنیم.

☞ قانون ۴۷

من قانونی برای خودم دارم که نامش را « قانون ۴۷ » گذاشتم. برای هر کاری اگر تا ۴۷ عدد مشکل هم رخ دهد، من باید پای آن کار بمانم! و شاید جالب باشد اگر بدانید که معمولاً روی ۱۰ یا حداکثر چهاردهمین مشکل، مسئله رفع می‌شود. اما متأسفانه اکثر انسان‌ها قبل از اینکه به اولین مشکل برسند، جا می‌زنند! یا نهایتاً روی دومین و سومین مشکل کنار می‌کشند.

پیشنهاد می‌کنم این قانون را برای خودتان داشته باشید و ببینید چگونه شما با انجام همان کارهایی که دیگران حاضر نیستند انجام دهند، طعم شیرین موفقیت را خواهید چشید.

هری کالینز یک بازاریاب تلفنی که به پشتکارش معروف است، داستان بسیار زیبایی دارد:

از هری کالینز پرسیدند که شما وقتی بازاریابی تلفنی انجام می‌دهید، چه زمانی از یک مشتری ناامید می‌شوید؟
او پاسخ داد: بستگی به این دارد که من زودتر بمیرم یا آن فرد!

منظور هری کالینز این است که تا آخرین لحظه‌ای که خودش یا آن فرد زنده است، تلاش می‌کند موضوع را پیش ببرد.

زحمت‌گریزی یکی از اصلی‌ترین دلایل اهمال‌کاری است. اکثر ما ایده‌های بزرگی داریم، ولی حاضر نیستیم زحمتش را بپذیریم و هزینه‌اش را بپردازیم. منظور از هزینه، زحمات است و نه لزوماً هزینه مادی!

اقدامك:

ببینید که در کدام قسمت در زندگی خود ممکن است دچار این نوع از اهمال‌کاری شده باشید؛ و کجا با اولین مشکل و شکست، کار را رها کرده‌اید؟ همین حالا برای آن یک نقشه عملی طراحی کنید تا آن را به سرانجام برسانید. (بهتر است از کارهای کوچک شروع کنید).

☜ اهمال‌کاری به دلیل ناتوانی در تصمیم گیری

اما دومین دلیل اهمال‌کاری از بخش شناختی، مشکل تصمیم‌گیری است. بسیاری از اوقات ما اصلاً تنبل نیستیم، بلکه نمی‌توانیم تصمیم‌های درستی بگیریم!

محمد یکی از دوستان من است که وقتی او را برای اولین بار در دانشگاه دیدم، تصور کردم که یک فرد بی‌خاصیت و کاملاً تنبل است! به اعتقاد من او یک اهمال‌کار واقعی بود، چون او عملاً هیچ کاری نمی‌کرد و به نظر می‌رسید که به این دنیا آمده تا فقط کمی کار کند و بخورد و بخوابد!

وقتی چند مرتبه با او صحبت کردم، متوجه شدم که اتفاقاً او اصلاً اهمال‌کار نیست. بلکه تنها مشکل او این است که در گرفتن تصمیم‌های زندگی مشکل دارد و وقتی در یک دوراهی قرار می‌گیرد، نمی‌داند که چه باید بکند، و به همین دلیل منفعل می‌شود و هیچ کاری انجام نمی‌دهد!

خوب به خاطر دارم وقتی بـا او مدتی صحبت کردم و بـه او آموزش دادم که چطور نمودار هزینه و فایده را ترسیم کند، انگار در ماشین موفقیت‌های او بنزین ریختم! او که دیگر تصمیم گرفته بود می‌خواهد چطور زندگی کند، بسیار قدرتمند و هدفمند به فعالیت خود می‌پرداخت و هیچ اتلاف انرژی و وقتی نیز انجام نمی‌داد و اکنون یکی از افراد موفق در حیطه کاری خود است.

ناتوانـی در تصمیم‌گیری به اهمال‌کاری منجر می‌شود و وقتی افـراد از بیرون نگاه می‌کنند، تصور می‌کنند ما اهمال‌کار هستیم. در صورتی که ما اصلاً اهمال‌کار نیستیم، بلکه نمی‌دانیم باید چه کار کنیم!

☜ چرا در تصمیم گیری مشکل داریم؟

شـاید پاسخ به این سـؤال که چرا در تصمیم‌گیری مشکل داریم، تا حدّ زیادی بتواند دید مناسبی به ما بدهد. به نظر من حداقل سـه دلیل وجود دارد که ما در تصمیم‌گیری دچار مشکل می‌شویم:

بلد نیستیم

اولین موضوع این است که ما به درستی نمی‌دانیم چطور باید تصمیم بگیریم! تصمیم‌گیری مهارت‌ها و روش‌هایی دارد که ما باید با آنها آشنا شویم. (در ادامه متن به بیان این روش‌ها خواهم پرداخت)

ما معمولاً وقتی انجام کاری را بلد نباشیم و مهارت کافی در انجام آن نداشته باشیم، دچار مشکل می‌شویم و از انجام آن دست می‌کشیم.

اما این تنها دلیل برای مشکل در تصمیم‌گیری نیست! دو دلیل دیگر نیز وجود دارد که ما را دچار اختلال در تصمیم‌گیری می‌کند.

از تصمیم می‌ترسیم

یکی از دلایل بسیار مهم در مورد اینکه چرا ما تصمیم نمی‌گیریم، این است که بسیاری از ما از تصمیم گرفتن می‌ترسیم. زیرا می‌دانیم که برای هر تصمیمی باید بهایی بپردازیم. برای مثال وقتی من تصمیم بگیرم که می‌خواهم رژیم بگیرم، می‌دانم که برای این تصمیمم باید بهایی بپردازم و این بها در حقیقت همان خودداری از غذا خوردن است.

بنابراین، بسیاری از ما ترجیح می‌دهیم که تصمیم نگیریم و به جای اینکه برای خودمان مشخص کنیم که یا رژیم بگیریم یا نگیریم، تکلیفمان را روشن نمی‌کنیم و نه از غذا خوردن لذت می‌بریم و نه رژیم می‌گیریم تا نتیجه‌ای برایمان داشته باشد!

همه را با هم می‌خواهیم

دلیل بعدی این است که ما همه چیز را با همدیگر می‌خواهیم! مثلاً هم می‌خواهیم که از همین امروز روزی ۸ ساعت تفریح کنیم و در عین حال روز به روز ثروتمندتر نیز بشویم.

نکته مهم این است که باید این را بپذیریم که موفق شدن در هر زمینه‌ای بهایی دارد و شاید امکان‌پذیر نباشد که ما همه چیز را با هم داشته باشیم و باید خواسته‌های خود را اولویت‌بندی کنیم.

در ادامه، راهکارهایی کاملاً کاربردی برای رفع مشکل تصمیم‌گیری ارائه می‌شود:

☞ مشخص کردن هدف

یکی از زیباترین قسمت‌های فیلم «آلیس در سرزمین عجایب»، زمانی است که آلیس از گربه می‌پرسد که از سمت راست بروم یا از سمت چپ؟ سپس گربه می‌پرسد کجا می‌خواهی بروی؟ و آلیس جواب می‌دهد که نمی‌دانم! گربه می‌گوید:

📌 **اگر نمی‌دانی کجا می‌خواهی بروی،**
فرقی نمی‌کند که کدام مسیر را انتخاب کنی!

از اصلی‌ترین نکات در تصمیم‌گیری این است که اول بدانیم می‌خواهیم به کجا برسیم. بعد از آن می‌توانیم تصمیم بگیریم.

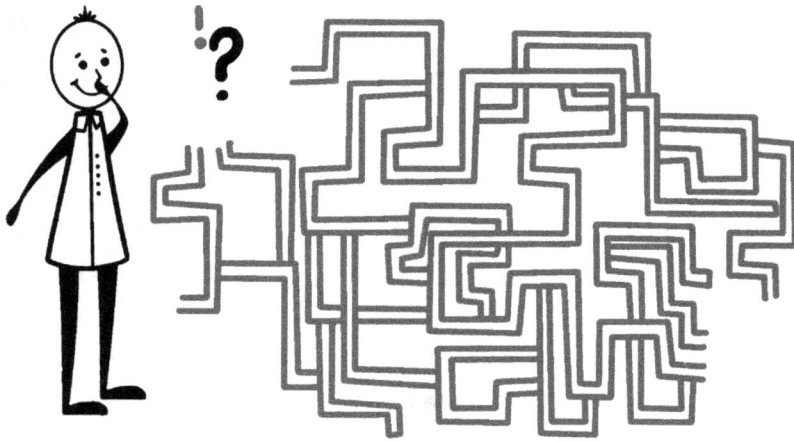

متأسفانه اکثر ما اصلاً برایمان مشخص نیست که از زندگی چه می‌خواهیم. بنابراین هر تصمیمی که بگیریم هیچ فایده‌ای نخواهد داشت، زیرا نمی‌دانیم که ما را به هدفمان نزدیک می‌کند یا دور؟

در بخش‌های بعدی در مورد هدف‌گذاری، مطالبی ارائه شده است. پیشنهاد می‌کنم که حتماً در مورد هدف و هدف‌گذاری مطالب بسیار زیادی را فرا بگیرید. (شاید کتاب هدف برایان تریسی و یا سمینارهای هدف اساتید موفقیت در ایران پیشنهادهای خوبی باشند.)

اقدامك:

همین حالا سه هدف اصلی زندگی خود را بنویسید:

۱.

۲.

۳.

اگر نمی‌دانید که چطور باید هدف‌گذاری کنید، شاید بد نباشد به بخش هدف‌گذاری رجوع کنید.

☞ استفاده از جدول هزینه فایده

یکــی از بهترین راهکارها برای تصمیم‌گیری، اسـتفاده از نمودار هزینه و فایده اسـت. برای این کار یک نمودار T شـکل می‌کشـیم و یک طرف هزینه‌ها و یک طرف فایده‌ها را می‌نویسیم.

هــر کاری که می‌خواهیــم انجام دهیــم، هزینه‌هایش را یک طرف بنویسیم و فایده‌هایش را طرف دیگر. برای هر کدام امتیازی در نظر می‌گیریم و بعد جمع‌بندی و به صورت منطقی تصمیم‌گیری کنیم.

چندی پیش به سـمیناری دعوت شده بودم که در آن درباره فرصت‌های شغلی مطالبی ارائه می‌شد. آنچه بسیار پررنگ بود، این بود که اکثر شرکت‌کنندگان این سمینار دچار ناتوانی در تصمیم‌گیری بودند و عملاً نه تنها هیچ کاری نکرده بودند بلکــه زمــان و هزینه قابل توجهی را هم از دسـت داده بودند. بــرای مثال، خانمی دوست داشت که در یک کار دولتی فعالیت کند، در عین حال رئیس خودش باشد و هر زمان که خواست به مسافرت برود.(درست مثل اینکه بگوییم: من یک هواپیما

می‌خواهم تا با آن به عمق دریاها سفر کنم!)

البته جالب اسـت که او به دلیل اینکه نمی‌توانست خواسته‌های خود را مشخص کند همه چیز را با هم می‌خواست و این نشدنی بود و در یک دو راهی بسیار سخت – به اعتقاد خودش- قرار داشت که شـغل دولتی خوب خود را رها کند، و یا به کارآفرینی بپردازد و خویش‌فرما شود.

در چنین حالتی اگر این فرد برای خودش یک جدول هزینه و فایده ترسیم کند، بدون هیچ مشـکلی می‌توانـد تصمیم بگیرد. برای مثال من در جدول زیر، به جای این خانم هزینه و فایده را ترسیم کردم.

☞ هزینه و فایده برای شغل دولتی

فایده‌ها	هزینه‌ها
حقوق قطعی	حقوق ثابت
وام و مزایای کارمندی	امکان رشد کم
اطمینان صد درصدی	محیطی که مورد علاقه‌ام نیست
بیمه هستم	به آرزوهایم نمی‌رسم
چه کم کار کنم چه زیاد، کسی با من کاری ندارد	کار ساده است
خانواده موافق است	از این کار لذت نمی‌برم

اقدامک:

اگر در زندگی‌تان جایی وجود دارد که به دلیل مشکل در تصمیم‌گیری در آن اهمال‌کاری می‌کنید، همین الان جدول زیر را برای آن تکمیل کنید:

هزینه و فایده برای..................

هزینه‌ها	فایده‌ها

☞ استفاده از جدول SWOT

یکی از ابزارهای مدیریتی بسیار خوب، استفاده از جدول SWOT است. اصلاً از نام آن نترسید. می‌توانید آن را «سوآت» یا «اس دبلیو او تی» بخوانید.

S قوّت
W ضعف
O فرصت
T تهدید

هرکدام از حرف‌های این جدول، نشان دهنده کلمات زیر است:

قوت :Strenght
ضعف :Weakness
فرصت :Opportunity
تهدید :Threat

شــما با این جدول می‌توانید برای هر تصمیم و هــر کاری نقاط ضعف و قوت، و تهدیدها و فرصت‌ها را بنویسید. اجازه دهید این موضوع را با یک مثال عملی برای شما تشریح کنم. فرض کنید می‌خواهیم یک رستوران راه بیاندازیم. در اینجا باید هرکدام از این چهار مورد را تکمیل کنیم:

نقاط ضعف: ســرمایه من کم اســت. نیروی انســانی خوب ندارم. در این زمینه تجربه‌ای ندارم.

نقاط قوت: توان بازاریابی خوبی دارم.

فرصت‌ها: مکان رستوران در نزدیکی یک دانشگاه است.

تهدیدها: ماه مبارک رمضان نزدیک است.

معمولاً فروش رستوران‌ها در ماه مبارک رمضان کاهـش می‌یابد. ولی اگر آن را در جدول بنویســیم و برایش برنامه‌ای داشته باشیم، ممکن است به یک فرصت بســیار عالی تبدیل شود که اتفاقاً فروش نیز افزایش پیدا کند. مثلاً اگر بتوانیم در این شــرایط، خدمات افطاری ارائه کنیم، می‌توانیم موفقیت‌های زیادی به دســت بیاوریم.

پیشــنهاد می‌کنم همین الان در اینترنت، در مورد جدول SWOT جستجو کنید. مطمئن باشید که مطالب بسیار خوبی در این زمینه خواهید یافت.

☜ مشاوره با الگوهای موفق

یکی از بهترین ایده‌های ممکن این است که با افراد موفق در زمینه‌ای که مورد نظر ماست، گفتگویی داشته باشیم و از آنها مشاوره بگیریم.

مثلاً فرض کنید یک مدرس زبان هســتید و می‌خواهید یک روش کاربردی در زمینه آمــوزش و یادگیری زبان ارائه کنید. اما نمی‌دانید آیا باید منتظر بمانید که تحصیلات دانشــگاهی شما تمام شود، یا اینکه همین الان برای ارائه و تدریس آن اقدام کنید؟!

شاید بهترین کار این باشد که با یک فرد متخصص صحبت کنیم و از او بپرسیم اگر جای ما بود، چطور تصمیم می‌گرفت و به چه دلیل این کار را انجام می‌داد؟

اقدامك:

همین الان نام سه نفر از افرادی را بنویسید که می‌توانند الگوهای موفق شما در حیطه موردنظر باشند. توجه داشته باشید که حداقل یک نفر از آنها باید در دسترس شما باشد. (مثلاً مرحوم استیو جابز یا جناب بیل گیتس به احتمال زیاد در دسترس نخواهند بود!)

۱.

۲.

۳.

بررسی نمونه‌های موفق

از دیگـر روش‌هـای قدرتمند برای تصمیم‌گیری این اسـت کـه ما به بررسـی نمونه‌هـای موفـق بپردازیـم. این روش زمانـی کاربرد دارد که مـورد قبلی یعنی مشورت با دیگران امکان‌پذیر نیست، و ما مجبور هستیم با بررسی زندگی‌نامه و یا مطالعه سبک زندگی افراد موفق در زمینه خودمان، از تصمیمات آنها مطلع شویم و از نحوه تصمیم‌گیری آنها الگوبرداری کنیم.

نکته بسیار مهم در این رابطه این است که بدانیم نمونه‌های موفق فقط می‌توانند به ما راهنمایی‌هایی کنند تا بهتر تصمیم بگیریم؛ و لزوماً به این معنی نیست که هر کاری که آنها می‌کنند، درست است. مثلاً بگوییم الگوی ما استیو جابز است و من نیز طبق برخی رفتارهای او تصمیم می‌گیرم در اتوبان با سرعت غیر مجاز حرکت و یا از چراغ قرمز عبور کنم!

با تصمیم‌های کوچک شروع کنید

یکی از ایده‌های قدرتمند این است که با تصمیم‌های کوچک شروع کنیم. یعنی شـاید خیلی راحت نباشـد که با تصمیم‌های خیلی بزرگ کار را آغاز کنیم، زیرا تصمیم گرفتن، هزینه‌بر اسـت و ممکن اسـت که از پس آن بـر نیاییم. اما اگر با تصمیم‌های کوچک آغاز کنیم، می‌توانیم گام به گام مهارت‌های تصمیم‌گیری خود را تقویت و کار را آغاز کنیم.

اقدامك:

همین الان سه تصمیم کوچک بگیرید و بلافاصله اقدام کنید:

۱.

۲.

۳.

مثلاً تصمیم شما می‌تواند این باشد که من از امروز موقع صبحانه موبایلم را بی‌صدا می‌کنم.

یا مثلاً هر روز صبح قبل از هر کاری یک لیوان آب همراه با چند قطره لیموترش به صورت منظم خواهم خورد. (این کار را از آنتونی رابینز یاد گرفته‌ام و اثرات فوق‌العاده عالی دارد.)

☞ **استفاده از سکه**

روش‌هایی که تا کنون عرض کردم، تا حدّ زیادی منطقی بودند. اکنون می‌خواهم یک روش کاملاً غیر منطقی، و البته غیر منتظره را به شما توصیه کنم!

اگر مشــکل تصمیم‌گیری دارید و نمی‌دانید چه تصمیمی باید بگیرید، از ســکه استفاده کنید و شیر یا خط بیندازید! یعنی اینکه وقت را تلف نکنید و اقدام کنید. این را بدانید! انجام کار، خیلی بهتر از هیچ کاری نکردن است.

انداختن شیر یا خط فوق‌العاده پرکاربرد است. زیرا در اکثر مواقع وقتی سکه را به بالا پرتاب می‌کنیم، دلمان به یک ســمت می‌رود و می‌گوییم که مثلاً ای کاش شیر بیاید! همین‌جا می‌توان فهمید که علاقه ما به کدام طرف است. پیشنهاد می‌کنم به نتیجه سکه اصلاً نگاه نکنید و همین تصمیمی را که دوست دارید، بگیرید. این جمله را واقعاً دوست دارم:

**وقتی شک داری و در تصمیم‌گیری تعلل می‌کنی،
اول شلیک کن بعد هدف بگیر!**

اگر می‌بینیم در تصمیم‌گیری بسیار اهمال‌کاری می‌کنیم، شـاید بهتر باشد اول شلیک، و بعد هدف‌گیری کنیم. یعنی شروع به کار کنیم و در حین‌کار، راه خود را پیدا کنیم. این می‌تواند خیلی به ما کمک کند.

☞ **آماده پرداخت هزینه تصمیمتان باشید**

چندی قبل در یک شرکت نفتی، کارگاه ارتباط مؤثر داشتم. در این کارگاه که موضـوع آن نحوه ارتباط همکاران با یکدیگر، نقدپذیـری، مهارت‌های نه گفتن و اثرگذاری بود، اتفاق جالبی رخ داد! در میان صحبت‌هایم متوجه شدم- مثل همه جای دیگر- افراد حاضر نیسـتند که بهای تصمیماتشان را بپردازند و می‌خواستند که همه چیز را با هم داشته باشند.

برای مثال، وقتی مهارت نه گفتن را به آنها آموزش می‌دادم، گفتم: اگر کسی از شـما درخواستی داشت و شـما به این جمع‌بندی رسیدید که باید به او نه بگویید، از فرمول نه گفتن اسـتفاده کنید (این فرمول در کتاب انسـان ۲۰۲۰ ارائه شـده اسـت). فردی در آن کلاس گفت: فرض کنید من به همسرم قول بدهم که جمعه او را برای خرید و تفریح به مرکز شهر خواهم برد. اما روز چهارشنبه مدیرم از من بخواهد که جمعه نیز سـر کار بیایم! حالا من به هرکدام نه بگویم، صدمه می‌بینم! در چنین شرایطی چه‌کاری باید کرد؟

حقیقت این است که این دوست فراموش کرده که:

هر تصمیمی، بهایی دارد، و باید حاضر باشیم بهای آن را بپردازیم.

شما همین الان که این کتاب را می‌خوانید، دارید بهای آن را می‌پردازید:
۱. هزینه این کتاب که پرداخت کرده‌اید.
۲. زمانی که برای مطالعه می‌گذارید.
۳. کارهای دیگری که می‌توانستید انجام دهید، اما از آنها دست کشیدید.
و....

بنابرایـــن هر تصمیمـــی بهایی دارد و ما باید در زندگــی خود اولویت‌بندی کنیم که چه چیزی برایمان مهم‌تر اسـت و اولویت بالاتری دارد. ســپس با اسـتفاده از روش‌هایی که در این بخش مطرح کردیم، نسبت به انجام هرکدام تصمیم بگیریم.

☞ اهمال‌کاری به دلیل ناتوانی در درک و حل مسئله

ســومین موضوع از بحث اهمال‌کاری به دلیل مسـائل شناختی، بحث ناتوانی در درک و حل مسئله است.

☞ حل مسئله به چه صورت است؟

در ساده‌ترین حالت، مهارت‌های حل مسئله ۴ گام اصلی دارد:

۱) فهم مسئله

۲) انتخاب روش

۳) اجرای روش

۴) گرفتن بازخورد

اینترنت هزاران منبع کاربردی و مفید را در اختیار شما قرار می‌دهد. بنابراین، ما در اینجا به موضوعات کلی و تکنیک‌های عمومی نمی‌پردازیم، بلکه به موضوعاتی که شاید به سادگی در دسترس نباشند، خواهیم پرداخت.

☞ راهکارهایی برای حل مسئله

برای یافتن و انتخاب روش‌های حل مسئله در هر زمینه‌ای، راهکارهای گوناگونی وجود دارد که در اینجا می‌توان به چند مورد اشاره کرد:

☞ استفاده از مشاوره

یکـی از روش‌های بسـیار عالی این اسـت که تا حدّ ممکن از مشـاوران خوب اسـتفاده کنیم. مشاور، لزوماً کسـی نیسـت که به او پول می‌پردازیم. مشاور کسی اسـت که تجربه دارد. بهترین مشاور کسی اسـت که شما دوست داشتید جای آن فرد در حیطه کاری خود باشید.

☞ از کجا شروع می‌کنید؟

معمولاً در بحث حل مسئله یک سری مشکلات وجود دارد. از جمله اینکه افراد

فکر می‌کنند باید از اول کار شروع کنند. در صورتی که اصلاً این طور نیست! برای مثال، از آنجایی که من بیش از ۸ جلد کتاب نوشته‌ام و دارای تجربه نویسندگی هستم، بسیاری از افراد از من می‌پرسند که چطوری کتاب می‌نویسی؟ ما در مقدمه‌اش شش ماه است که گیر کرده‌ایم!

وقتی این صحبت را می‌شنوم، تعجب می‌کنم. چون نوشتن مقدمه آخرین قسمت از نگارش یک کتاب است! یعنی شما وقتی یک کتاب را نوشتید و فصل‌بندی را انجام دادید، تازه آن وقت باید سراغ مقدمه بروید.

شاید جالب باشد که بدانید معمولاً فصل اول هم به همین صورت است! و بعد از بقیه فصول نوشته می‌شود.

منظور من از این صحبت این است که قرار نیست لزوماً کار را از اول شروع کنیم! می‌توانیم از میانه آن، کارهایی را انتخاب کنیم و انجام دهیم.

باید مراقب باشیم که در دام ترتیب‌های بی دلیل نیفتیم! گاهی اوقات هیچ لزومی ندارد که کاری را از اول آن شروع کنیم.

☞ به دیگران توضیح دهیم

گاهی اوقات خوب است که مسئله را به دیگران توضیح دهیم، نه به معنی اینکه بخواهیم از آنها مشورت بگیریم. بلکه به خاطر اینکه وقتی برای یک نفر دیگر توضیح می‌دهیم، پنجره‌های جدیدی به روی ما باز می‌شود.

این کاری است که همسر من همیشه با بزرگواری تحمل می‌کند! (همین الان هم کنار من نشسته و این متن را می‌خواند! همین‌جا از او تشکر می‌کنم!)

بسیاری از اوقات، وقتی مسئله‌ای برایم وجود دارد نزد همسرم می‌روم و موضوع را برای او توضیح می‌دهم، و سعی می‌کنم به صورت بسیار کامل آن را شرح دهم. همسرم معمولاً صحبتی نمی‌کند، ولی گفتگوی من با خودم خیلی می‌تواند به من کمک کند و معمولاً مشکل من حین توضیح دادن حل خواهد شد! چون وقتی برای یک نفر دیگر توضیح می‌دهیم، همه چیز را می‌گوییم. این به شدت به ما کمک خواهد کرد که درک درستی از شرایط داشته باشیم و به جنبه‌هایی توجه کنیم که اصلاً به آن فکر نمی‌کردیم!

نکتـه مهـم ایـن اسـت کـه دقت کنیـد ایده‌ها و مسـئله‌هایتان را به چه کسـی می‌گویید؟ ممکن است بعضی افراد با شنیدن ایده‌ها، شما را مسخره کنند. بنابراین فردی که می‌خواهید این موضوع را با او درمیان بگذارید، باید فردی باشد که شما را دوست داشته و به شما اعتقاد داشته باشد و احترام بگذارد. اگر این ویژگی‌ها را نداشـت، معمولاً توضیح مسئله، هیچ اثر ارزشمندی نخواهد داشت و معمولاً اثر آن مخرب خواهد بود.

☞ می‌خواهید به کجا برسید

در بسـیاری از اوقات ما در حال حل مسـئله‌ای هستیم که اصلاً نباید آن را حل کنیم و نباید درگیر آن باشیم! دلیل این موضوع این است که ما مشخص نکرده‌ایم دقیقاً چه می‌خواهیم؟ یا می‌خواهیم به کجا برسیم؟
استفان کاوی در کتاب «هفت عادت مردمان مؤثر» می‌گوید:

📌 زمانی که کاری را شروع می‌کنید. باید پایان کار را در ذهن داشته باشید.

همه ما برای انجام هر کاری باید دقیقاً آخر کار را برای خودمان مجسم کنیم و این را در نظر داشته باشیم که هر مسئله‌ای حل می‌شود! اگر قرار بود که حل نشود، مسئله نبود، بلکه یک جمله خبری بود.

پیشــنهاد می‌کنم حتماً در مورد مهارت‌های حل مسئله مطالب مفیدی را که در اینترنت وجوددارد، مرور کنید.

☞ اهمال‌کاری به دلیل تردید به خود

یکــی دیگر از دلایل اهمال‌کاری، تردید به خود اســت! ایــن مورد برای افرادی است که نسبت به خودشان مردد هستند!

اگر ما به هر دلیلی تصور کنیم کاری که می‌خواهیم انجام دهیم بیشتــر از توان ماست؛ و یا اینکــه ما توانایی، هوش، ذکاوت و ... کافــی نداریم، به احتمال زیاد درگیر این موضوع هستیم.

اینکه به چه دلیل ما نسبت بـه توانمندی‌های خود تردید داریم، شــاید خیلی مهم نباشــد. ممکن است به خاطر خانواده، معلم بد، سیستم آموزشی، جامعه یا هر چیز دیگری باشــد. در نهایت، بهتر اســت روی این موضوع تمرکز کنیم که چطور می‌توانیم این دیدگاه را اصلاح کنیم؟ و هرچه ســریع‌تر این تصورات اشتباه را در خود ریشه‌کن نماییم.

☞ چه زمانی حق داریم؟

ســؤالی که در ابتدای کار باید به آن پاسـخ دهیم، این است که اصلاً چه زمانی واقعاً حق داریم به توانمندی‌های خود اعتماد نداشته باشیم و احساس کنیم که توان ما در اینجا محدود است؟

اگر نظر مرا می‌خواهید، پاسـخ بسیار قاطعانه من از این است که هیچ مرزی وجود ندارد، و هر انسانی بسیار فراتر از تصوّر خود و هر کس دیگری رشد می‌کند. نکته مهم این است که:

📌 انسان‌ها فقط به اندازه باورهایشان محدود می‌شوند.

اگر به توانمندی‌های خود باور نداشــته باشیم، مطمئناً به گونه‌ای رفتار نمی‌کنیم تــا آن‌ها را بروز دهیــم. در ادامه به راهکارهــای کاربردی برای رفع این مشکــل می‌پردازیم؛

☞ تلقین بسیار مهم است

یکی از مهم‌ترین دلایلی که باعث می‌شود ما نسبت به توانمندی‌های خود تردید کنیم، تلقین‌های منفی خودمان و اطرافیانمان است.

اگر با مفهوم ضمیر ناخودآگاه آشنا باشیم، می‌توانیم به این موضوع برسیم که جملاتی که در کودکی از پدر و مادر، معلم یا دیگران شنیده‌ایم بسیار قدرتمند هستند و اگر این جملات منفی باشند، می‌توانند اثرات مخربی بر روی ما بگذارند. در اینجا کار ما این است که با تلقین مثبت، دیدگاه خودمان را نسبت به خود اصلاح کنیم. بنابراین شاید لازم باشد که در مورد تلقین، مطالبی کاربردی را با یکدیگر مرور کنیم.

قبل از هر چیزی لازم است بگویم تلقین چیست؟ تلقین رفتاری است که به صورت منظم، به قصد ایجاد یک باور ذهنی و با روش‌های زیر انجام می‌شود:

۱) تلقین کلامی
۲) تلقین فکری
۳) تلقین شنیداری
۴) تلقین دیداری
۵) تلقین نوشتاری

☞ روش‌های تلقین

شما می‌توانید از هر یک از انواع تلقین که تمایل دارید استفاده کنید. با این توجه که جملات تلقینی باید مثبت و کوتاه باشد.

در ادامه، روش گام به گام نوشتن یک تلقین کلامی را با یکدیگر پی می‌گیریم:

۱) جمله تلقینی را به صورت مثبت تهیه کنیم و فعل منفی نگوییم. (مثلاً نگوییم من در خواندن کتاب تنبلی نمی‌کنم، بلکه بگوییم که من این کتاب را با علاقه مطالعه می‌کنم.)

۲) از زمان حال استفاده کنیم. (مثلاً نگویید این کتاب را مطالعه خواهم کرد، بلکه باید گفت این کتاب را مطالعه می‌کنم.)

۳) جمله تلقینی را بارها تکرار کنید، به زبان بیاورید و بنویسید. اگر می‌توانید آن را در هر جایی که جلوی چشمتان است قرار دهید.

بنابراین این موضوع می‌تواند ایده خوبی باشد که اگر فردی — مثلاً همسرتان — همواره غمگین است، به او نگویید که غمگین نباش! بلکه باید گفت: تو همیشه شاد

هستی و این جمله را بارها و بارها در زمان‌ها و شرایط مختلف تکرار کرد.

مثال بسیار جالبی که نتیجه آن برای شخص من متحیرکننده بود، آزمایشی بود که بر روی یکی از دوستانم انجام دادم. در این آزمایش من با سه نفر از دوستانم قرار گذاشتم که هرکدام به صورت نوبتی به او بگوییم: چرا امروز این‌قدر حالت بد است؟ و نتیجه متحیرکننده بود!

دوست من که آزمایش بر روی او انجام می‌شد، کاملاً سرحال بود و از ابتدای صبح انرژی زیادی داشت و نفر اول— که من بودم— به او گفتم که چرا ناراحت به نظر می‌رسی؟ مشکلی پیش آمده؟

او با انرژی پاسخ داد: نه! همه چیز عالیه!

حدود ۳۰ دقیقه بعد، دوست دیگرم نزد او رفت و از او پرسید: چرا این‌قدر ناراحتی؟ کمکی می‌تونم بکنم؟ خسته‌ای؟!

او گفت: نه مشکلی نیست.

در کمتر از ۲۰ دقیقه بعد دوست دیگرم از او پرسید: می‌خواهی منزل بروی؟ اصلاً حالت خوب نیست!

دوست من گفت: نه! تحمل می‌کنم! ساعت زیادی از زمان کار باقی نمانده!

و در ساعت بعد دوست آخرمان به او— که دیگر هیجان اولیه را نداشت— گفت: خسته به نظر می‌رسی!

دوست آزمایش‌شونده پاسخ داد: بله! امروز اصلاً از ابتدای صبح، روز من نبود!!

همانطور که می‌بینید تلقین دیگران بر ما، و خودمان بر خودمان بسیار قدرتمند است. پیشنهاد می‌کنم فقط یک بار این موضوع را بر روی فردی امتحان کنید و ببینید که حرف‌های ما چقدر قدرتمند است. البته بلافاصله به دوستتان بگویید که این یک آزمایش بوده و بعد با یکدیگر قرار بگذارید که تا حدّ ممکن با تلقین‌های مثبت به یکدیگر انرژی مثبت بدهید.

اقدامک:

همین الان یک جمله تلقینی مناســب برای خود بنویسید و آن را در هر جایی که می‌توانید جلوی چشــم خود قرار دهید. (مثلاً روی میز کار، صفحه زمینه موبایل یا کامپیوتر و ...)

مشق‌های مدرسه را بنویسید

افراد مردد نسبت به خود، معمولاً بهانه می‌آورند که:

نمی‌شه، نمی‌توانم، بلد نیستم، الان نه، آمادگی‌اش را ندارم، نمی‌توانم حلشان کنم، اصلاً سؤال را نمی‌فهمم، باشه بعداً و...

حالا فرض کنید که یک کودک هستید و در عین حال، والد. این کودک وقتی که مشق نمی‌نویسد چه بهانه‌هایی می‌آورد:

نمی‌شه، نمی‌توانم، بلد نیستم، الان نه، آمادگی‌اش را ندارم، نمی‌توانم حلشان کنم، اصلاً سؤال را نمی‌فهمم، باشه بعداً و... . و والد معمولاً چطوری جواب می‌دهد؟

من نمی‌دونم، هر طوری که شده باید انجامش بدی!

و یکی از بهترین روش‌ها این است که این جمله را دقیقاً به خودتان بگویید: من حالیم نیست تو باید این را انجام بدهی! هر جوری که شده...

مثل برادر من باشید!

برای رفع این مشــکل از اهمال‌کاری، ایده بسیار جالبی که از برادرم گرفتم این است که حتی زمانی که شکست می‌خوریم نیز خودمان را تشویق کنیم.

برادر من اهل ورزش است و به چند رشته ورزشی علاقه دارد. یادم می‌آید زمانی

که من کوچک بودم همیشه می‌رفتم بازی‌ها و مسابقات فوتبال برادرم را نگاه کنم. برادرم واقعاً دروازه‌بان خوبی بود. البته نه به خاطر اینکه برادر من بود بلکه واقعاً نسبت به رقبا یک سرو گردن بالاتر بود.

او همیشه با فریادها و تشویق‌ها و سروصداهایش به تیم روحیه و انرژی می‌داد. حتی زمان‌هایی که تیمش می‌باخت، حتی گل که می‌خورد، باز هم با روحیه‌ای بسیار بالا تیمش را تشویق می‌کرد!

گاهی اوقات پیش می‌آمد که تیم برادرم بازنده می‌شد، اما مطابق معمول در انتهای بازی او در حال تشویق تیمش بود و اگر یک نفر در انتهای بازی به زمین می‌آمد وقتی تشویق و هیجان برادرم را می‌دید که داشت با تیم مقابل کری می‌خواند و تیم خود را تشویق می‌کرد، مطمئن می‌شد که اصلاً تیم برنده، تیم برادر من بوده!

واقعاً اگر همه ما در زندگیمان نسبت به خودمان این حس را داشته باشیم، چقدر فوق‌العاده خواهد بود! این طور فکر کنید که تحت هر شرایطی برنده هستید. فرض کنید که ما لیدرها و طرفداران یک تیم هستیم و تحت هر شرایطی باید آن را تشویق کنیم و آن تیم فقط خودمانیم!

☜ زمان طلایی انجام کار

برای انجام هر کار در زندگی، یک زمان طلایی وجود دارد که باید آن کار در آن بازه زمانی انجام شود. وقتی شوق چیزی وجود دارد، همان موقع باید پیگیر آن موضوع شویم. در صورتی که اگر این موضوع باقی بماند، دیگر انگیزه خود را از دست می‌دهیم و شاید لازم باشد که کاری کنیم تا سریع به نتیجه فوری دست پیدا کنیم.

البته باید مراقب تفاوت این موضوع با بحث تصمیم‌های هیجانی باشیم و در عین حال به این موضوع توجه کنیم که اگر به هر دلیلی در انجام کاری احساس هیجان داریم، شاید لازم باشد فوری دست خود را بند کرده و بدانیم که باید سریع برای انجام آن اقدام کنیم.

☜ از کارهای کوچك شروع کنید

پیشنهاد بعدی من برای کسانی که نسبت به خودشان مردد هستند، این است که از کارهای کوچک شروع کنند. کارهای کوچک باعث می‌شود موفقیت‌های

کوچک به دســت آوریم. درســت مانند گلوله برفی که از قله کوه به آرامی غلت می‌خورد و آرام آرام، بزرگ و بزرگ‌تر می‌شود، تا در آخر یک بهمن موفقیت برای ما شکل می‌گیرد.

برای مثال فرض کنید که من می‌خواهم یک کتاب بنویسم، اما به توانمندی‌های خود اعتقاد ندارم. شــاید بهترین کار، انتخاب روشــی باشد که در این کار تمرین کنم و در عین حال شکســتی نیز در پی نداشــته باشــد. مثلاً می‌توانم از نوشتن در یک وبلاگ شروع کنم و مطالبی را که به ذهنم می‌رسد، در آن بنویسم. در وبلاگ یا وب‌ســایت شخصی، نوشتن هیچ شکستی در پی نخواهد داشت، زیرا احتمال رد شدن و ... نیز نخواهد بود و هر چه را که مدنظرم باشد، می‌توانم در آن بنویسم.

پس از آن شــاید لازم باشــد که نوشــته را در یک مجله منتشــر کنم تا نظرات دیگران و هیئت تحریریه و ... را نسبت به نوشته‌هایم ببینم؛ و وقتی که نوشته من نیز در این مجله منتشر شد، آنگاه به فکر نگارش کتاب بیفتم.

اقدامك:

اگر حس می‌کنید که در کاری توانمندی ندارید، همین حالا آن را به ۶ گام کوچک تقسیم کنید که گام‌های اول هیچ ریسک و احتمال شکستی نداشته باشد و در ادامه، همین طور سخت‌تر شود. می‌بینید که با تقسیم کردن می‌توانید از پس سخت‌ترین کارها بر آیید!

کاری که فکر می‌کنم نمی‌توانم:..........

شش گام اجرایی

۱.
۲.
۳.
۴.
۵.
۶.

👉 **اگر ترس‌ها وجود نداشتند، چه می‌کردیم؟**

همه انسان‌ها ترس‌هایی دارند و هیچ کسی بدون ترس به دنیا نیامده است. مثلاً شاید برایتان جالب باشد اگر بدانید که ماهاتما گاندی که به نظر بسیار قدرتمند و بدون ترس می‌آید، در اولین سخنرانی خــود به دلیل ترس از صحبت در جمع، آنقدر ترسیده بود که حالش بد شد و صحبتش ناتمام ماند!

بزرگ‌ترین ترستان را یافته و به این فکر کنید که اگر آنها وجود نداشتند چه کار می‌کردید؟! یعنی اگر هیچ ترس و تردیدی نسبت به خودتان نداشتید، چه کار می‌کردید؟

📌 **اگر می‌دانستید که همیشه موفق شوید چه تصمیم‌هایی می‌گرفتید؟**

صحبـت اصلی من بـرای عزیزانی که به دلیل تردید به خــود، از انجام کارهای بزرگ خودداری می‌کنند، این است که توان خود را دست‌کم نگیرند و بدانند که با یادگیری اجرا و گرفتن بازخورد می‌توانند هر کاری را به انجام برسانند.

☞ **اهمال‌کاری به دلیل توقع و تصورات نابجا و بهانه‌جویی**

یکــی از اصلی‌ترین دلایلی که ما در هر کاری اهمــال‌کاری می‌کنیم، توقعات و تصورات نابجاست و از آنجایی که توقع داریم همه شرایط برای ما جور باشد – و چون نیست – شروع بــه بهانه‌جویی می‌کنیم!

همه ما افرادی را دیده‌ایم که بالاترین مدارج تحصیلی را در رشته بهانه‌تراشی کســب کرده‌اند. در حقیقت، بعضــی افراد در این کار متخصص هســتند و گاهی اوقات بهانه‌هایی که می‌شنویم واقعاً عالی است و قطعاً با خود می‌گوییم: اگر او این خلاقیت را در یک مسیر دیگری به کار می‌بست، به کجاها که نمی‌رسید!

تا وقتی بهانه‌ها وجود داشته باشند، ما از اقدام دست می‌کشیم و هیچ کاری برای ما نتیجه‌ای نخواهد داشت.

شاید لازم باشد قبل از هر چیزی بهانه را تعریف کنیم و بگوییم که اصلاً منظور ما از بهانه چیست؟

📌 بهانه، دلایلی است که ما در توجیه انجام ندادن کاری به خودمان یا دیگران ارائه می‌کنیم، در حالی که افراد دیگری- هرچند معدود- در شرایطی مشابه یا حتی بدتر، آن کار را انجام داده‌اند.

☞ **از کجا متوجه شویم که این بهانه است؟**

شــاید در بسیاری از مواقع این موضوع برای ما ســؤال باشد که آیا من در حال بهانه‌تراشــی هستم یا نه؟ بنابراین دو راهکار بســیار کاربردی در زمینه تشخیص بهانه پیشنهاد می‌شود. برای تشخیص بهانه‌ها می‌توان از دو کلید زیر استفاده کرد:

☞ **آیا دیگران توانسته‌اند؟**

یکی از بهترین روش‌ها برای اینکه متوجه شــویم آیا در حال بهانه‌تراشی هستیم

یا نه، این است که ببینم آیا افراد دیگری با شرایط مشابه توانسته‌اند به جایگاه مطلوب و موردنظر ما دست پیدا کنند؟

برای مثال، اگر بهانه ما این است که با این شرایط اقتصادی نمی‌توان ثروت خوبی کسب کرد، باید ببینیم که آیا هیچ فردی با شرایط مشابه ما توانسته از راه درست و مناسب به درآمد خوبی دست پیدا کند یا خیر؟

وقتی که مجبور باشم، می‌توانم؟

کلید کاربردی دیگری که بارها از آن استفاده کرده‌ایم، این است که فرض کنیم ۲ روز غذا نخورده‌ایم و بسیار گرسنه هستیم. حالا برای به دست آوردن غذا چه کار خواهیم کرد؟

اکنون باید دید که در این شرایط، کدام یک از بهانه‌های ما قابل قبول است؟

خسته‌ام! حال ندارم! باشه برای بعد! الان پولشو ندارم! مهمان داریم. باشه هفته بعد، باشه بعد از تعطیلات و...

هیچکدام!

بنابراین پیشنهاد می‌کنم که بهانه بودن این موارد را قطعی بدانیم و همیشه این ملاک را داشته باشیم که آیا فردی توانسته از راه درست، حلال و اصولی کاری انجام دهد؟! اگر پاسخ مثبت است، پس من هم می‌توانم.

و اگر پاسخ منفی است، من اولین نفری می‌شوم که این کار را انجام داده است! پس لطفاً این بهانه‌ها را هم فراموش کنید.

اگر کاری را بخواهیم انجام بدهیم، راه انجامش را پیدا می‌کنیم و اگر نخواهیم انجام دهیم، بهانه‌اش را پیدا می‌کنیم.

در کتاب «بیندیشید و ثروتمند شوید» نوشته ناپلئون هیل، لیست بهانه‌های اصلی انسان‌ها نوشته شده که با هم مروری به آنها خواهیم داشت:

۱. اگر من همسر و خانواده داشتم...
۲. اگر به قدر کافی پارتی داشتم...
۳. اگر پول داشتم...
۴. اگر آموزش خوبی دیده بودم ...
۵. اگر می‌توانستم کاری پیدا کنم...

۶. اگر سلامت بودم...
۷. اگر فقط وقت داشتم...
۸. اگر شرایط کشور بهتر بود...
۹. اگر دیگران قدر مرا می‌دانستند...
۱۰. اگر موقعیت مکانی و زمانی من متفاوت بود...
۱۱. اگر می‌توانستم زندگی‌ام را از نو اداره کنم...
۱۲. اگر از حرف دیگران نمی‌ترسیدم...
۱۳. اگر به من شانس می‌دادند...
۱۴. اگر دیگران می‌گذاشتند...
۱۵. اگر برایم اتفاقی نمی‌افتاد...
۱۶. اگر جوان‌تر بودم...
۱۷. اگر می‌توانستم کاری را که می‌خواهم انجام دهم...
۱۸. اگر ثروتمند به دنیا آمده بودم...
۱۹. اگر می‌توانستم اشخاص مناسبی پیدا کنم...
۲۰. اگر استعداد بعضی‌ها را داشتم...
۲۱. اگر جرأت ابراز وجود پیدا می‌کردم...
۲۲. اگر از فرصت‌های گذشته استفاده کرده بودم...
۲۳. اگر دیگران اعصابم را خراب نمی‌کردند...
۲۴. اگر مجبور نبودم خانه‌داری کنم...
۲۵. اگر می‌توانستم پولی پس‌انداز کنم...
۲۶. اگر رئیسم مرا تشویق می‌کرد...
۲۷. اگر کسی را داشتم به من کمک کند...
۲۸. اگر خانواده‌ام مرا درک می‌کردند...
۲۹. اگر در شهر بزرگتری زندگی می‌کردم...
۳۰. اگر می‌توانستم شروع کنم...
۳۱. اگر آزادی عمل داشتم...
۳۲. اگر شخصیت بعضی‌ها را داشتم...
۳۳. اگر تا این اندازه چاق نبودم...
۳۴. اگر به استعدادهایم پی می‌بردند...
۳۵. اگر می‌توانستم کمک بگیرم...

۳۶. اگر می‌توانستم از شر بدهی خلاص شوم...

۳۷. اگر شکست نخورده بودم...

۳۸. اگر می‌دانستم چگونه...

۳۹. اگر همه با من مخالفت نمی‌کردند...

۴۰. اگر تا این اندازه نگرانی نداشتم...

۴۱. اگر می‌توانستم با شخص مناسبی ازدواج کنم...

۴۲. اگر دیگران تا این اندازه کودن و احمق نبودند...

۴۳. اگر خانواده‌ام تا این حدّ ولخرج نبودند...

۴۴. اگر از خودم مطمئن بودم...

۴۵. اگر شانس بد نداشتم...

۴۶. اگر ستاره اقبال بهتری می‌داشتم...

۴۷. اگر قرار نبود دست تقدیر زندگی مرا مشخص کند...

۴۸. اگر مجبور نبودم این قدر کار کنم...

۴۹. اگر پولم را از دست نداده بودم...

۵۰. اگر جای دیگری زندگی می‌کردم...

۵۱. اگر گذشته بدی نداشتم...

۵۲. اگر برای خودم کار می‌کردم...

۵۳. اگر دیگران حرف مرا گوش می‌دادند...

متأسفانه اکثر ما به دلیل توقعات نابجا، فرصت‌های بسیار ارزشمندی را از دست می‌دهیم و اوضاع به گونه‌ای است که در هر شرایطی که باشیم فکر می‌کنیم امکانات کمی داریم.

در برخی از سمینارهایم از شرکت‌کنندگان می‌پرسم که چند نفر دوست دارید کتابی بنویسید؟ در اکثر اوقات حدود یک سوم تا نیمی از شرکت‌کنندگان دستشان را بالا می‌برند و وقتی می‌گویم پس چرا تا کنون کتابی ننوشته‌اید؟ پاسخ‌ها دقیقاً مشابه لیست بالا هستند ...

یکی از بهترین مثال‌ها برای بحث بهانه نتراشیدن، خانم «هانیه عرب» است. من با ایشان در یکی از سمینارهایم آشنا شدم. خانم عرب ۹۵ درصد معلولیت دارند و تقریباً هیچ عضوی از بدنشان را حرکت نمی‌دهند و گاهی اوقات به سادگی نمی‌توان متوجه شد که در حال گفتن چه چیزی هستند.

جالب است بدانید که خانم عرب تا الان ۶ جلد کتاب نوشته‌اند و در حال

تحصیل در رشـته حقوق هستند! ایشـان بهانه‌ها را کنار گذاشته‌اند و فرصت‌ها را غنیمت دانسته و برای همین نیز نتیجه گرفته‌اند.

اگر بخواهم در مورد امکانات و شرایط، مثال قدرتمند دیگری بزنم بدون شک باید بروم سـراغ «نیک وی آچیچ». او زمانی که به دنیا آمد، نه دسـت داشت نه پا و پدر و مادرش هر دو از دیدن او حس بدی داشـتند! اما اکنون او یکی از گرانقیمت‌ترین سـخنرانان انگیزشی دنیاسـت که چند ده هزار دلار برای هر ساعت سخنرانی خود دریافت می‌کند. پیشنهاد می‌کنم فیلم کوتاهی از او را در سایت من ببینید:

www.bah.red/nic

نمونه بعدی «استفان هاوکینگ» است. او به خاطر فعالیت در زمینه کیهان‌شناسی و جاذبه کوانتوم، به ویژه در زمینه سیاه‌چاله‌ها، شناخته شده‌است. کتاب «تاریخچه زمـان» او بـا رکـوردی ۲۳۷ هفته‌ای به عنوان پرفروش‌ترین کتـاب در بریتانیا باقی‌ماند و باعث شهرتش شد.

هاوکینگ مبتلا به بیماری اسکلروز جانبی آمیوتروفیک بوده و از هر گونه تحرک عاجز اسـت؛ نه می‌تواند بنشـیند، نه برخیزد، و نه راه برود. حتی قادر نیست دست و پایش را تکان بدهد یا بدنش را خم و راسـت کند و حتی توانایی سـخن گفتن را نیز ندارد و همه فعالیت‌های علمی خود را با یک انگشت و کامپیوتر خود انجام می‌دهد ...

متأسـفانه مغز اکثر ما انسان‌ها به گونه‌ای برنامه‌ریزی شده که همیشه شرایط و امکانات را کمتر از آنچه هست، ارزیابی می‌کنیم و بنابراین بهانه‌های بسیار زیادی می‌آوریم. مثلاً وقتی در سـمینارهایم می‌گویم که کشـور ما ایران یکی از بهترین

مکان‌های ممکن برای آسان پول در آوردن است، ۹۰ درصد شرکت‌کنندگان می‌خواهند مرا بزنند!

من به این موضوع اعتقاد قلبی دارم که کشور ما به چند دلیل، شرایط ایده‌آلی برای کسب درآمد دارد و به مراتب ساده‌تر از کشورهای دیگر می‌توان در آن به موفقیت مالی نایل شد. دلایل من به صورت تیتروار به شرح زیر هستند:

۱. نبود رقیب جدی
۲. تنبلی بیش از حدّ رقبا
۳. امکان الگوبرداری از نمونه‌های موفق بین‌المللی
۴. عدم پرداخت مالیات قابل توجه
۵. داشتن بازار بکر
و...

از شما خواهش می‌کنم که جملات بالا را قضاوت نکنید و نگویید که نویسنده دلش خوش است! به این فکر کنید که شاید مکانیزم حفظ حالت موجود در ذهن شما فعال شده و نمی‌خواهد اجازه دهد که شما رشد و تغییر کنید. بنابراین کمی بیشتر راجع به این موضوع تحقیق کنید.

☞ خفه شو! تکون بخور!

کتابی وجود دارد به نام سومو یا SUMO که مخفف جمله جالبی به این مضمون است: Shut Up and Move On یعنی خفه شو و حرکت کن![1] در این کتاب بسیار زیبا، گفته شده که اکثر افراد فقط حرف می‌زنند و بهانه می‌آورند. در حالی که اگر به جای آن دهانشان را ببندند و به سوی هدفشان حرکت کنند، می‌توانند نتایج بسیار خوبی را بگیرند.

اگر به زندگی انسان‌های موفق نگاه کنیم، می‌بینیم که آنها معمولاً در میان تمام بهانه‌ها، فقط فرصت‌ها را مشاهده و از آنها به خوبی استفاده می‌کنند.

☞ تکنیک اسلحه

تکنیکی که من به آن خیلی علاقه مندم و به ما کمک می‌کند که بهانه‌ها را کنار بگذاریم، این است که فرض کنیم تفنگی بالای سر ما قرار دارد و به محض اینکه هر بهانه‌ای- چه موجّه و چه غیر موجّه- بیاوریم، آن تفنگ شلیک خواهد کرد.

۱. این کتاب با نام «سومو» به فارسی نیز ترجمه شده است.

معمولاً وقتی این دید را داشته باشیم، بسیار کمتر بهانه می‌آوریم و حتی اگر به هر دلیلی این بهانه موجّه باشـد، باز هم به خود اجازه نمی‌دهیم که آن بهانه ما را متوقف کند.

برای مثال، من به بسیاری از افراد این پیشنهاد را داشتم که کسب و کار اینترنتی خـود را راه‌اندازی کننـد و معمولاً بهانه آنها این بود که بـا این وضع اینترنتی که داریم، مگر می‌شود کار اینترنتی هم کرد؟!

شاید برایتان جالب باشد که برای یکی از دوستان نزدیکم حتی گزارش حساب بانکی‌ام را باز کردم و به او نشان دادم که بخش قابل توجهی از درآمد من فقط از طریق فروش اینترنتی انجام می‌شود و اگر تو هم بخواهی می‌توانی...

دوسـت من به ظاهر بسـیار پر انگیزه بود و پس از چند پرسش و پاسخ تصمیم گرفت که کسـب و کار اینترنتی‌اش را راه‌اندازی کند. اما چند روز بعد وقتی با او تماس گرفتم، به من گفت که چون اینترنت کند بوده نتوانسـته هیچ کاری انجام بدهد!

حال وقتی به صفحه شبکه‌های اجتماعی او (نظیر فیس‌بوک و ...) نگاه می‌کردم، می‌دیدم که حداقل ۲۰ مطلب جدید در ۳ روز اخیر در آنها قرار داده، اما نوبت به کار که می‌رسد، اینترنت کند است!

اگر اینترنت کند است، کار دیگری را انجام دهید تا سرعت آن درست شود. اگر سرعت آن همیشه پایین است، سرویس‌دهنده اینترنت‌تان را عوض کنید. از اینترنت بی‌سیم مبتنی بر وایمکس و یا 3G و 4G استفاده کنید!

اینترنت رادیویی یا همان P2P چطور؟

اگر منطقه سـکونت شـما جایی اسـت که شـرکت‌های خوب به شما سرویس اینترنتی نمی‌دهد، با کافی‌نت محل خود قراردادی ببندید که از آنجا استفاده کنید.

اگر هیچ سرویس‌دهنده‌ای در نزدیکی محل زندگی شما خدمات ارائه نمی‌کند، کافی‌نت در نزدیکی شما وجود ندارد و ...

حالا تازه شـاید بتوانید سـراغ راهکارهای دیگری بروید. مثلاً می‌توانید در دفتر دوسـتان و... حضور پیدا کـرده، و هزینه اینترنت آنجا را خودتـان بپردازید و از شرایط استفاده کنید.

همـان طور که می‌بینید راه‌های زیادی وجود دارد، اما بهانه‌ها همیشـه می‌توانند بیشتر باشند! تصمیم با ماست که کدام را انتخاب می‌کنیم.

☞ با بهانه‌های خود خلوت کنید

پیشـنهاد می‌کنم فهرست بهانه‌های خود را بنویسیم و بعد مشخص کنیم که چه راهکارهایـی برای انجام آن‌ها وجود خواهد داشـت و بیابیم آیا افرادی بوده‌اند که بتوانند با همین شرایط بهانه‌ها را کنار بزنند و به اهداف خود برسند؟

همیشه این جمله را در ذهن داشته باشیم که:

📌 اگر کاری را بخواهیم انجام دهیم، راهش را پیدا می‌کنیم و اگر نخواهیم بهانه‌اش را.

تقریبـاً همه ما در طول زندگی خود زمان‌هایی که به دلایل احساسـی از کاری، چیزی یا کسـی خوشـمان نمی‌آید، سـعی می‌کنیم در مورد آن، بهانه‌هایی منطقی بسازیم.

دقایقی پیش از نوشـتن این قسـمت از کتاب با دوست عزیزی صحبت می‌کردم که در مورد اتومبیل مناسـب خودش سـؤال می‌کرد. من وقتی بـه او خودرویی را معرفی کردم- که گویا از آن مدل خودرو خوشش نمی‌آمد- گفت که این خودرو در پارکینگ ما جا نمی‌شود، چون همسایه ما پژو دارد!

لحظه‌ای گذشت و همه ما از این استدلال جا خوردیم و البته حسابی خندیدیم! جالب اینجاسـت که ۵ دقیقه بعد او در حال صحبت برای خرید خودرویی بود که حتی از خودرو پیشنهادی من نیز عریض‌تر بود!

امیــدوارم هیچ کدام از ما در حال ارائه بهانه‌هایی مانند «همســایه ما پژو دارد» نباشیم! چنین توجیه و استدلال‌هایی غیر منطقی هستند، یعنی اینکه چیزی را که از نظر اجتماعی غیر قابل قبول است، مقبول جلوه می‌دهیم و به بیانی ساده‌تر در حال ماست‌مالی کردن هستیم!

بنابراین حواسمان باشد هر گاه می‌خواهیم کاری را انجام دهیم – که شاید هم به نظر منطقی برسد – از استدلال‌ها و توجیهاتی استفاده نکنیم که واقعاً درست نباشند.

☞ آیا نیاز به هوش دارید؟

یکی از بهانه‌های بســیار حرفه‌ای که اکثر ما برای خودمان مطرح می‌کنیم، این اســت که می‌گوییم هوش یا استعداد کاری را نداریم. پیشنهاد می‌کنم این قسمت از توضیحات را از کتاب «اثر مرکب» نوشته دارن هاردی مرور کنیم:

اصلاً اهمیتی ندارد که چقدر باهوش هستید! باید نداشتن تجربه، مهارت، هوش یــا توانایی‌های ذاتی را با تلاش زیاد و سخت‌کوشــی خود جبران کنید. اگر رقیب شــما باهوش‌تر، با اســتعدادتر یا باتجربه‌تر است، فقط لازم است سه یا چهار برابر سخت‌کوش‌تر از او باشید تا بتوانید شکستش دهید.

اهمیتی ندارد که با چه مشــکلی رو به رو هســتید. در هر زمینه‌ای که شــرایط نامساعدی دارید، کافیست با تلاش زیاد آن را جبران کنید.

☜ اهمال‌کاری به دلیل نامنظم بودن

گـروه دیگر افراد اهمال‌کار، افراد نامنظم هسـتند که معمـولاً در تخمین زمان مشکل دارند. مثلاً می‌گویند: تحویل این کار خیلی طول نمی‌کشد، اما حقیقت این است که اتفاقاً خیلی طول می‌کشد ...

معمولاً این افراد، همیشـه در حال انجام دادن کارهایی هسـتند که قبلاً قولش را داده‌اند و زمانش گذشته است. به جای انجام کارهای فوری، کارهای گذشته‌شان را انجام می‌دهند. یعنی چند سـاعتی، چند روزی و برخی چند ماه و چند سـالی از زندگیشان عقب هستند.

معمولاً در چنین شـرایطی اصلی‌ترین مشکل، بحث تخمین زمان و گاهی اوقات تخمین توانمندی‌های خودمان یا عوامل دیگر است.

یکی از کارمندان من که فرد بسـیار سخت‌کوشی بود و بسیار بیشتر از ساعات کاری معمـول کار می‌کرد، دچار این مشـکل بود. از آنجایـی که به دلیل نامنظم بودن همیشـه در تخمین زمان‌ها دچار مشـکل بود، قول‌هایی می‌داد که هیچ وقت نمی‌توانست آنها را عملی کند.

مثلاً اگر به او می‌گفتم که این مقاله تا چه زمانی آماده می‌شـود؟ به من پاسـخ می‌داد تا فردا شب خوبه؟ و در حالی که من توقع داشتم او بگوید تا سه روز آینده، درخواسـت او را با خوشحالی می‌پذیرفتم. اما وقتی فردا شـب مقاله تحویل داده نمی‌شد و همان سه روز بعد به من تحویل داده می‌شد، بسیار دلخور می‌شدم. زیرا می‌دیدم که او بدقولی کرده است.

با اینکه می‌دانستم این کارمند با تمام وجودش کار می‌کرد و ساعت کاری بسیار زیـادی را بـرای انجام این کار اختصاص می‌داد، اما بـاز هم نحوه کار او به دل من نمی‌نشسـت. تا اینکه واقعاً از عملکرد او ناراضی شـدم و به او هشـدار دادم که در صورت درست کار نکردن، دیگر امکان همکاری ما با یکدیگر وجود نخواهد داشت.

پس از این اتفاق، به او راهکارهایی در مورد نحوه نظم‌دهی به کار را ارائه دادم.

ظرف مـدت ۱۵ روز، او به بهترین کارمند مجموعه ما تبدیل شـد و در این رتبه باقی‌ماند. (حداقل تا الان که چند ماه از این اتفاق می‌گذرد.)
امیدوارم این روش‌ها برای شما نیز کاربردی باشد!

☞ لیست کارها به جای برنامه‌ریزی افراطی

همه ما در مورد داشتن برنامه‌ریزی مطالبی شنیده‌ایم و می‌دانیم که برای موفقیت و درسـت انجام دادن کارها باید برنامه‌ریزی داشـته باشـیم. اما متأسفانه اکثر ما برنامه‌ریزی را با نوشـتن ریز به ریز برنامه‌های روزانه خود به صورت ساعتی و حتی با دقت دقیقه اشتباه می‌گیریم.

در حقیقـت بـا توجه به عوامـل مختلـف و تأثیراتی که دیگران بـر ما خواهند گذاشت، خیلی ساده نمی‌توانیم برنامه روزانه خود را بر اساس ساعت تنظیم کنیم. زیرا ممکن است در میانه روز، یک تماس برنامه ما را به کلی تغییر دهد و مجبور شویم به یک سفر کاری برویم.

امـا این موضوع به این معنی نیسـت که ما دیگر نیازی بـه برنامه‌ریزی نداریم. در حقیقت بهترین کار این است که ما یک لیست کامل از وظایف روزانه و سایر فعالیت‌ها داشته باشیم و بر اساس اولویت، کارهایمان را مشخص کنیم و بنویسیم کدام کارها مهم‌تر هستند و کدام یک در اولویت پایین‌تری قرار می‌گیرند.

برای مثال لیست فعالیت‌های یک روز مرا مشاهده می‌کنید:

۱. تصمیم‌گیری با سعید محمدی در مورد کتاب «انسان ۲۰۲۰»

۲. مراجعه به املاک برای فروش خانه

۳. نوشتن کتاب اهمال‌کاری

۴. خرید وسایل منزل

۵. هماهنگی بلیط هواپیما

۶. احوال‌پرسی با محمد حافظی نژاد

پیشـنهاد می‌کنم که در بخش اهمال‌کاری آنلاین، حتماً آموزش برنامه GTask را مشاهده کنید.

☞ کارهای خارج از لیست را قبول نکنید

اگر عضو سایت Bahrampoor.com باشید، حتماً دیده‌اید که پروژه‌ای به نام «با سخنوران» راه‌اندازی کرده‌ام. (اگر آن را ندیده‌اید، می‌توانید همین الان به سایت

مراجعه کنید). در این پروژه از بهترین سخنرانان دنیا که با آنها ارتباط داشتم، می‌پرسیدم که در یک جمله، مهم‌ترین اصل سخنرانی را برای مردم ایران بگویند. این سؤال را به حدود ۳۰ نفر سخنران مشهور که با آنها ارتباط داشتم ارسال کردم و تعداد قابل توجهی از آنها به خاطر ارتباطی که داشتیم، به من پاسخ دادند.

نکته جالب این بود که برخی از آنها که اتفاقاً با من ارتباط بسیار خوبی داشتند گفتند:

ببخشید من امسال هیچ پروژه جدیدی را قبول نمی‌کنم و برنامه ما از قبل تنظیم شده است.

مـن فقط از آنها یک جمله می‌خواستم، ولی آنها آن‌قدر بـه اولویت‌بندی فکر می‌کردنـد و دقیـق بودنـد که مـن می‌دیدم حتی برای آن یـک جمله هم فرصت نداشتند، چون می‌دانستند باید وقت بگذارند و کار خوبی انجام دهند.

یکی از مهم‌ترین مواردی که مخصوصاً ما به آن کم توجهی می‌کنیم، این است که معمولاً از نپذیرفتن درخواست‌ها ترس خاصی داریم و ترجیح می‌دهیم همه چیز را قبول کنیم و بعد با استدلال‌های مختلف آن را توجیه کنیم.

مثلاً اگر کار فنی و تعمیرات داشته باشید، به احتمال زیاد دیده‌اید که بسیاری از این افراد کار شـما را قبول می‌کنند. یک روز می‌آیند و به قول خودشـان کار را زخمی می‌کنند تا نتوانیم آن را به کسـی دیگر بدهیم. بعد تا چند روز به کار شما دست نمی‌زنند و مشغول انجام کار دیگری می‌شوند!

عملاً با چنین رفتارهایی- با هر توجیهی که باشـد- ما جایگاهمان را از دسـت می‌دهیم و از دسـت دادن اعتبار، شاید به این سادگی‌ها قابل جبران نباشد و هیچ انسانی افراد بدقول را دوست ندارد.

کار بسیار مهمی که باید در نظر داشته باشـیم، این اسـت که تا حدّ ممکن برنامه‌ای خارج از لیسـت روزانه و هفتگی خود نپذیریم. مگر اینکه دلیل و توجیه مناسبی داشته باشد که در برنامه خود تغییری ایجاد کنیم.

☜ **لیست‌های خودمان را بنویسیم**

گاهی اوقات ما لیسـتی از فعالیت‌هایمان می‌نویسیم و وقتی به آن نگاه می‌کنیم می‌بینیم که ما آدم انجام این همه کار نیسـتیم! در حقیقت این لیسـت ما نبوده و انگار فهرست فعالیت‌های فرد دیگری را نوشته‌ایم!

یکی از اشتباهات بسیار متداولی که اکثر ما دچار آن می‌شویم، این است که وقتی

تصمیم می‌گیریم لیست کارهایمان را بنویسیم، معمولاً فهرستی از تمام کارهایی را که دوســت نداریم انجام دهیم – و همواره از انجام آنها طفره می‌رفتیم – یادداشت می‌کنیم و می‌بینیم در طول روز حوصله انجام هیچ کدام را نداریم.

مثلاً ممکن است در لیست خود بنویسیم:

۱. ارسال ایمیل به پسرخاله (که ۶ ماه است به تعویق انداختمش)

۲. مرتب کردن انباری (که از دو سال گذشته سراغش نرفتم)

۳. اخذ مدرک لیسانس از دانشگاه و کارهای فارغ‌التحصیلی (ورودی ۸۰ هستم و ۱۰ سالی از آن گذشته است!)

۴. ورزش صبحگاهی (که از آخرین پیاده‌روی من ۹ ماه گذشته است و آن هم از روی اجبار وقتی اتومبیلم خراب بود انجام شد!)

خــب حالا با فرض چنین لیســتی، آیا واقعاً نتیجه خواهیـم گرفت؟! بدون هیچ تردیدی پاسخ منفی است. زیرا ما در این لیست به جای فعالیت‌های روزانه، لیست کارهایی را نوشته‌ایم که از انجام آنها متنفریم.

بنابراین باید در لیست روزانه خود فعالیت‌های عادی و حتی بسیار کوچک را نیز یادداشت کنیم که هم در مدیریت زمان خود واقع‌بین باشیم و هم در صورت تیک زدن کنار فعالیت‌ها، حسّ خوبی به دست آوریم.

برای مثال خواهر من چند هفته پیش با من تماس گرفت و گفت حدود ۲ هفته است که به پیشنهاد من لیست فعالیت‌های روزانه‌اش را می‌نویسد، اما هیچ وقت در انجام آن موفق نمی‌شود!

زمانی که از او خواستم لیست فعالیت‌های دو روز گذشته خود را بخواند، متوجه شــدم که او دقیقاً اشتباه بالا را مرتکب شــده و عملاً لیست کارهایی را نوشته که ظرف سه سال گذشته هیچ وقت آن را انجام نداده است!

این توقع نا بجایی اســت که بخواهیم آنچه را که ســه ســال اســت در موردش اهمال‌کاری کردیم، در مدت یک روز یا یک هفته به انجام رسانیم. بنابراین من به او پیشنهاد کردم که لیست فعالیت‌های خود را به صورت کامل بنویسد و در آن لیست، کارهای مورد علاقه‌اش و یا کارهای بسیار کوچک را نیز بیاورد. (کارهایی که بیش از ۱۰ دقیقه وقت او را نمی‌گیرد.)

بنابراین کارهایی مانند خوابیدن، تماس با مادرمان، بازی با فرزندش و ... را نیز در لیســت خود اضافه کرد. با انجام این تغییر، حسّ بسـیار بهتری نسبت به لیست فعالیت‌های خود پیدا کرد و فعالیت‌های روزانه‌اش را بسیار بهتر انجام داد.

اقدامك:

همین الان لیست فعالیت‌های امروز یا فردای خود را بنویسید و سعی کنید حداقل ۸۰ درصد آن را به انجام رسانید.

☞ قانون پارکینسون

یکی از جالب‌ترین قانون‌هایی که من در زندگی روزمره با آن روبرو شــدم و از دانستن آن لذت بردم، قانون پارکینسون است. این قانون می‌گوید:

📌 هر کاری به اندازه‌ای طول می‌کشد که ما برای آن وقت در نظر گرفته‌ایم!

حتماً شما هم این تجربه را داشته‌اید که وقتی می‌خواهیم کاری انجام دهیم، برای انجام آن زمانی در نظر می‌گیریم (مثلاً ۱۰ روز) و بعد آن کار را در روز ده یا یازده به پایان می‌رسانیم. اگر مدتی بعد مجبور می‌شویم که همان کار را در مدت بسیار کوتاه‌تــری (مثــلاً ۴ روز) انجام دهیم، می‌بینیم که می‌توانیم این کار را در مدت ۴ روز هم انجام دهیم!

قانون پارکینســون می‌گوید: مدت زمان انجام هر کاری بسته به زمانی که برای آن تعیین کرده‌ایم کِش می‌آید! و ما باید در تنظیم زمان خود این اصل را رعایت کنیم. (البته اگر دچار این مشکل هستیم!)

روشی که انجام آن می‌تواند به ما کمک کند، این است که سعی کنیم زمان‌بندی

واقعی‌مان را بیابیم. یعنی پیدا کنیم زمان‌ها را معمولاً با چقدر خطا برآورد می‌کنیم یا اصطلاحاً ضریب خطایمان را بیابیم، و همیشه برای پیش‌بینی انجام کار، مدت زمان تخمینی را در ضریب خطا ضرب کنیم.

فرض کنید که من یک طراح سایت هستم. معمولاً وقتی می‌گویم یک هفته‌ای آماده می‌شود، ۱۰ روزه آماده می‌شود. یا وقتی می‌گویم یک ساله تحویل می‌دهم، یک سال و سه ماه طول می‌کشد. متوجه می‌شوم که ضریب خطای من ۱/۳ است. هر زمانی را که می‌خواهم به دیگران اعلام کنم، ضربدر ۱/۳ می‌کنم و می‌گویم، و برای خودم بنا را بر این می‌گذارم که در همان زمان ۱ انجام بدهم. نه اینکه بگویم حالا یک سال و چهار ماه وقت دارم و از چهار ماه دیگر شروع می‌کنم نه! بلکه سعی می‌کنیم زودتر تحویل بدهیم، اما زمان بیشتری را به مشتریان اعلام می‌کنیم.

بهترین کار این است که یک سری عوامل حواس‌پرتی را برای خودمان در نظر داشته باشیم و شرایط غیرمترقبه و ... را نیز در نظر بگیریم.

مثلاً برای طراحی همین کتاب اهمال‌کاری اتفاقی ناخوشایند رخ داد. به خاطر باران بسیار شدید، یکی از لوله های ساختمان ما مسدود شده بود و کل خانه ما را آب برداشت! خب این اتفاق عملاً باعث شد که من دو روز تماماً مجبور شوم از کار خودم دست بکشم و به امور منزل بپردازم. ولی من حدود ۵ روز برای خودم حاشیه امنیت گذاشته بودم، بنابراین اتفاق مزبور باعث ناراحتی من نشد. حال اگر من فکر می‌کردم همه چیز خیلی عالی رخ می‌دهد و این دو روز را در نظر نمی‌گرفتم، چه اتفاقی رخ می‌داد؟! پس شما هم حتماً برای حوادث غیرمترقبه زمانی را در نظر بگیرید.

حذف عوامل حواس‌پرتی

یکی دیگر از نکات بسیار مهم در افراد نامنظم، عوامل حواس‌پرتی است. مثلاً اینکه تلویزیون همیشه روشن باشد، مطمئن باشید بازدهی شما پایین می‌آید و دائماً وسوسه می‌شوید که بشنوید:

چی گفت؟ چی؟ دلار؟ اوه آنقدر رفت بالا یا آنقدر آمد پایین؟؟؟

اکثر رسانه‌ها در کنار کار، فقط حواس ما را پرت می‌کنند. زمانی‌که می‌خواهیم کاری انجام دهیم، بسیار عالی خواهد بود اگر موبایلمان را در حالت بی‌صدا قرار دهیم و اگر صدای محیط زیاد است، از هدفون استفاده کنیم.

یکی از بهترین کارها پاکسازی است!

پاکسازی به این معنی است که تمام شبکه‌های اجتماعی‌تان را از روی موبایل پاک کنید و مطمئن باشید آنها هیچ کمکی به کار شما نمی‌کنند. اگر دقت کنید می‌بینید مجموعه من یعنی آموزش سخنرانی و فن بیان در فیس‌بوک، توییتر، لینکدین، گوگل پلاس، اینستاگرام و تمام شبکه‌های اجتماعی فعال است، اما هیچ کدام از آنها را غیر از مواقعی که می‌خواهم کار را شروع کنم، خودم انجام نمی‌دهم. چون اعتقاد دارم آنها بیش از اینکه به من کمک کنند تا خدمت‌رسانی کنم، وقت مرا می‌گیرند. بنابراین، شما هم تا حدّ ممکن سعی کنید شبکه‌های اجتماعی را از موبایلتان حذف کنید. من حتی وایبر، واتساپ، لاین و هیچ کدام از اینها را ندارم و می‌بینید که سالم، زنده و سرحال هستم.

تنها وسیله ارتباطی که من دارم اسکایپ است و آن هم یک اسکایپ شخصی که از آن فقط برای تماس‌های خارج از کشور استفاده می‌کنم و اجازه نمی‌دهم هر کسی هر زمانی دلش خواست هر چیزی برای من بفرستد.

اقدامک:

همین الان تصمیم بگیرید که چند شبکه اجتماعی را از روی موبایل خود پاکسازی کنید و اجازه ندهید هر کسی هر زمانی که دلش خواست بتواند با شما صحبت کند. چون شما وقت محدودی برای زندگی کردن دارید و هر کسی نباید بسته به سلیقه خود برنامه شما را تغییر دهد.

☞ برنامه مخصوص صبح

در رابطه با اجرای کارها از روی لیست و برنامه‌ریزی روزانه، ایده بسیار زیبایی از آقای دارن هاردی در کتاب «اثر مرکب» دیدم و واقعاً لذت بردم. دارن هاردی در ایـن کتاب می‌گفت: ما نمی‌توانیم لحظه لحظه روزمان را برنامه‌ریزی کنیم، اما شــروع هر روزمــان را می‌توانیم تنظیم کنیم. چون در طــول روز، هزاران اتفاق رخ می‌دهد، اما در لحظه شروع روز همه چیز دست خودمان است.

پس هر روز را با شروع مشخص و برنامه‌ریزی شده آغاز می‌کنیم، با هزاران ادامه مختلف!

برای شـــروع و پایان روزتان برنامه داشته باشید. بدانید در شروع روز دقیقاً چه کارهایی را باید انجام دهید و در پایان روز چه کارهای دیگری. شاید در میانه روز چنین اختیار عملی نداشته باشید.

☞ اهمال‌کاری افراد افراط‌کار

آخرین دسته از اهمال‌کاران شناختی، افراد افراط‌کار هستند. افرادی که آن‌قدر کار می‌کنند تا از پا دربیایند. گاهی اوقات ما هیجان زیادی داریم و یا اصلاً به گونه‌ای عادت کرده‌ایم که به صورت یکسره و بدون هیچ فرصتی می‌خواهیم کار را به پایان برسانیم و هیچ استراحتی برای خود در نظر نمی‌گیریم. برای همین بعد از مدتی خسته می‌شویم و از پا در می‌آییم. بنابراین دیگر کار را ادامه نمی‌دهیم و عملاً نیز از آن زده خواهیم شد.

در این رابطه راهکارهایی وجود دارد که بهترینِ آنها به شرح زیر هستند:

☞ تقسیم ساعات روزانه

یکی از فعالیت‌های بسیار مهم - که لازم است اعتراف کنم در آن اصلاً خوب نیستم - تقسیم ساعات روزانه است.

بسیار خوب است که برای فعالیت‌های خود زمانی تعریف کنیم و حتماً برای این سه موضوع، در برنامه روزانه خود زمانی در نظر بگیریم:

۱. کار و فعالیت جدی

۲. استراحت و انجام ندادن هیچ کاری

۳. انجام دادن کارهای مورد علاقه و لذت‌بخش

در صورتی که هر کدام از این بخش‌ها از زندگی ما حذف شـوند، اثرات مخرب قابل توجهی بر جای خواهند گذاشت.

☞ تقسیم‌بندی کردن کارها

گاهی اوقات رفتارهای بیمارگونه‌ای داریم که می‌خواهیم همه کار را همین امروز تمام کنیم که این موضوع در بسیاری از مواقع، واقعاً نشدنی است! مثلاً هر چقدر هم سریع و دقیق و حرفه‌ای باشیم، باز هم امکان نوشتن یک کتاب از صفر تا صد در

کمتر از ۳ روز وجود ندارد! حال، ما هر چقدر هم که تلاش کنیم، نتیجه‌ای نخواهیم گرفت. بنابراین، شـاید لازم باشد کار بزرگ را به کارهای کوچک تقسیم کنیم و بعد برای خود ضرب‌العجل تدارک ببینیم.

مثلاً می‌توانیم نوشــتن کتاب را به ســه یا چهار فصل تقسیم کنیم و بعد برای هر کدام چند روز وقت تعیین کنیم و سپس بر اساس آن تقسیم‌بندی، کار را پیش ببریم.

بـا انجام این کار، توقعمان از خودمان معقول‌تر خواهد شــد و نتیجه نیز بسیار مطلوب‌تر خواهد بود.

☞ Eye Pro به شما کمك می‌کند

نرم‌افزاری وجود دارد به نام آی پرو. آی پرو روی کامپیوترهایی که سیستم عامل ویندوز دارند نصب می‌شـود تا شـما هر چند دقیقه یک بار پلک بزنید و به صفحه نمایش رایانه خیره نشوید و به دور دست نگاه کنید و پس از چند مرتبه استراحت کوتاه برای چشــم، برای مــدت طولانی‌تر از جایتان بلند شــوید. این موضوع قابل تنظیم اســت که در چه بازه‌هایی این اتفاق بیفتد. خوشبختانه چنین نرم‌افزارهایی روی موبایل‌ها و خیلی دستگاه‌های دیگر هم قابل نصب هستند. نرم‌افزارهای بسیار زیادی برای مدیریت زمان وجود دارند.

بگویید من فلان ســاعت می‌خواهم استراحت کنم، حتی اگر خیلی انرژی دارید! چــون در ادامه و در بحث افزایش عملکرد خواهیم گفت که این موضوع می‌تواند اثرات خیلی منفی زیادی داشــته باشد. نفس عمیق را هم فراموش نکنید که بسیار مهم است.

☞ اهمال‌کاری به دلیل مسائل جسمانی

ســومین دســته اهمال‌کاری به مسائل جسمانی مربوط می‌شـود. مثلاً بیماری‌ها، خستگی‌ها و چیزهای دیگری که آنها را هم بسیار مختصر بررسی می‌کنیم.

بحث اهمال‌کاری جسمانی می‌تواند ناشی از خستگی، بیماری یا استرس باشد. البته خسـتگی تا حدّی قابل قبول است. ولی اگر دائماً خسته هستیم، معنی دیگری دارد. احتمالاً تغذیه و برنامه روزانه ما مشکل دارد. اگر دچار این مشکل هستید، لطفاً به یک متخصص سبک زندگی و متخصص تغذیه مراجعه کنید.

برخی از ما در مورد بیماری‌ها کم لطف هســتیم و از شــرایط خود سوءاستفاده

می‌کنیم. مسئله اول در مورد بیماری‌ها این است که اولاً بسیار کم پیش می‌آیند و دوم اینکه در بسیاری از بیماری‌ها می‌توان کارهای مفیدی انجام داد و گاهی اوقات از حالت عادی نیز می‌توان بسـیار مفیدتر عمل کرد. برای مثال زمانی را به خاطر می‌آورم که یک عمل جراحی ۴-۳ سـاعته سنگین داشتم و اگر نیم ساعت دیرتر به بیمارستان می‌رسیدم، طبق گفته پزشکان الان در خدمت شما نبودم!

دقیقـاً فـردای آن عمل جراحی که فوق‌العاده درد داشـتم، اولیـن چیزی که از خانوادم خواسـتم برای من بیاورند کتاب‌هایی بود که باید می‌خواندم. اولین کتابم را دقیقاً در بیمارسـتان به واسـطه آن بیماری به پایان رساندم. در صورتی که درد داشتم، داروی خواب‌آور مصرف کرده بودم و ...

واقعیت این اسـت که اگر کمی دقیق باشـیم، می‌بینیم بسیاری از افراد موفق تا آخرین لحظه زندگی خودشـان هم اهمال‌کاری نمی‌کردنـد. من همواره از دیدن تصویر دکتر محمود حسـابی که لحظاتی پیش از مرگ خود در بستر بیماری و در بیمارستان در حال مطالعه است، تحت تأثیر قرار می‌گیرم.

البته باید مراقبت‌های پزشـکی را جدی بگیریم و کاری نکنیــم که بیماری ما تشدید شود!

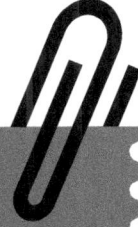

فصل پنجم

اهمال کاری آنلاین

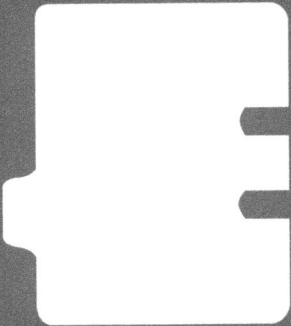

اهمال‌کاری آنلاین

تکنولوژی‌هایی که امروزه داریم، از جهاتی کار ما را بسیار ساده کرده‌اند و از جهاتی بسیار سخت! حقیقت این است که اکثر ما وقت بسیار زیادی را در فضای مجازی می‌گذرانیم و اکثر آن نیز در حال گشتن در وب‌سایت‌های غیر مفید و یا جستجو در شبکه‌های اجتماعی است.

در این بخش قصد دارم نمونه‌های متداولی از اهمال‌کاری آنلاین را مطرح کنم و بعد در مورد راه‌های کنترل اهمال‌کاری با تکنولوژی با هم صحبت کنیم.
روش‌های متداول اهمال‌کاری با ابزارهای تکنولوژیک:

تماس تلفنی

یکی از بزرگترین مشکلاتی که همه ما درگیر آن هستیم این است که به دلیل دسترسی بسیار زیاد-و البته وقت اضافی بسیاری از افراد-زمان زیادی از عمرمان را مشغول صحبت کردن با تلفن هستیم!

در اینجا راهکارهایی را برای مدیریت تماس‌های تلفنی با شما به اشتراک می‌گذارم. گفتنی است که این روش‌ها برای من نتایج بسیار خوبی داشته است.

محاسبه میزان استفاده

آیا شما می‌دانید که چند ساعت در روز تلفن صحبت می‌کنید؟
اکثر موبایل‌ها میزان ساعات مکالمه ورودی و خروجی را مشخص می‌کنند و مطمئنم اگر به سابقه موبایل خود نگاه کنید متحیر خواهید شد، زیرا معمولاً ما بیشتر از آنچه در ذهن خود داریم، در حال صحبت با تلفن هستیم!

برای مثال، سه سال پیش، زمانی که متوجه شدم که روزانه حدود ۵ ساعت از زمانم صرف تلفن صحبت کردن می‌شود، تصمیم گرفتم استراتژی جدیدی برای پاسخ دادن به تلفن به کار ببرم که برخی از آنها به شرح زیر هستند و البته به این

معنی نیست که شما باید از همه این روش‌ها استفاده کنید. بسته به شرایط خود می‌توانید یک یا چند مورد را انتخاب کنید.

قرار نیست هر کسی شماره ما را داشته باشد

اولین گام– که به نظر مهم‌ترین گام نیز به شمار می‌آید– این است که ما اصلاً از ارائه شماره تماس مستقیم خود به همه افراد خودداری کنیم.

دوستی داشتم که یکی از بزرگترین کارگزاری‌های بیمه را در استان خود داشت. یک شب با او برای صرف شام به یک رستوران رفته بودم. در آنجا دیدم که در ساعت ۱۰ شب مشتری‌هایش برای کوچکترین کار (که البته به سادگی توسط منشی یا مسئول دفتر او قابل انجام بود) با او تماس می‌گرفتند!

بنابراین شما نباید به غیر از مواقع ضروری، شماره خود را در اختیار کسی دیگر قرار دهید و سعی کنید که تا حدّ ممکن، کارهای خود را به دیگران واسپاری کنید.

همچنین اجازه دهید یک موضوع کاملاً نامربوط به این صحبت را نیز در همین‌جا مطرح کنم. آن هم معضلی است به نام جلسه! تقریباً روزانه ۳ یا ۴ تماس با دفتر گرفته می‌شود که اصرار دارند با من یک جلسه داشته باشند و می‌خواهند یک پیشنهاد همکاری بدهند و کاملاً مشخص است که اگر من بخواهم به همه این درخواست‌ها پاسخ مثبت بدهم، در تمام طول زندگی‌ام فقط مشغول جلسه خواهم بود!

راهکاری که به نظرم رسید این بود که به مسئول دفترم گفتم که از افراد خواهش کنند درخواست خود را به صورت مکتوب از طریق فکس، ایمیل یا نامه برای ما ارسال کنند و نتیجه جالب بود. زیرا از هر ۲۰ تا ۳۰ تماس فقط یک نفر بود که درخواست خود را مکتوب می‌کرد و عملاً سایرین کارشان آنقدر برایشان ارزش نداشت که وقت بگذارند و آن را مکتوب کنند!

کپسول آتش‌نشانی؟! نه، متشکرم

حتماً بارها برایتان پیش آمده که با تماس‌های سردی که از شرکت‌های فروش کپسول آتش‌نشانی و یا خط موبایل جدید از اپراتور دیگر و ... مواجه شده باشید. این تماس‌های سرد معمولاً به این صورت هستند که یک منشی به مدت ۵ دقیقه توضیحاتی را ارائه می‌کند و برایم عجیب است که اکثر افراد به این صحبت‌ها گوش می‌کنند!

ما باید یاد بگیریم که چطور صحبت این افراد را قطع کنیم و اجازه ندهیم که

وقت ما را بدزدند و بسیار محترمانه به آنها بگوییم که نیازی به کالا یا خدماتشان نداریم و ممنون می‌شویم که تلفن را قطع کنند.

☞ هر زمانی در دسترس نیستیم

هرچند شــرایط به گونه‌ای رقم خورده که موبایل‌ها در هر زمانی در نزدیکی ما هستند، اما این موضوع نباید به این معنی باشد که هر کسی در هر زمانی که دلش خواست می‌تواند با ما تماس بگیرد.

بــه جز مواردی خاص، قرار نیســت در هــر زمانی برای هر فردی در دســترس باشیم. حتماً برای زمان‌هایی مثل اســتراحت، خواب یا با خانواده بودن تلفن خود را در حالــت بی‌صدا قــرار دهید و اجازه ندهید که این توقع برای دیگران شــکل بگیرد که شما هر زمانی از شبانه‌روز آماده پاسخ‌گویی هستید. (مگر اینکه کار شما پاسخ‌گویی تلفنی در مراکز شبانه‌روزی باشد!)

☞ پشت‌خطی و اطلاع‌رسانی ممنوع

پیشنهاد من این است که اگر برایتان مقدور است امکان انتظار پشت‌خطی را از روی تلفن خود بردارید، آن هم به دو دلیل:

۱. در هنگام مکالمه ممکن است با یک تماس دیگر مجبور شوید تماس را قطع کنید که این باعث می‌شود شخصی که با او در حال صحبت هستید ناراحت شود.

۲. تعداد زیادی تماس از دست رفته خواهید داشت که مجبورید بعد از مکالمه فعلی با آنها تماس بگیرید.

بنابراین سعی کنید که امکاناتی همچون انتظار پشت‌خط و یا مشاهده تماس‌های از دست رفته در زمان خاموشی و ... را از تلفن خود حذف کنید، تا فرصت بیشتری برای خود داشته باشید.

☞ به من پیامک بدهید!

ایــن ترفند را از یکی از دوستان عزیزم آقای «ژان بقوسـیان» که ایشـان نیز سـخنران بود، یاد گرفتم. زمانی‌که با این دوسـت در لابی هتل مشغول صحبت با مسـئول برگزاری سـمینار بودیم، او به مسئول سمینار گفت که اگر موردی بود به من پیامک بدهید.

در حقیقــت بـا این ترفند این دوست به جـای صحبت‌های طولانی و سـلام و

احوالپرسی اول و خداحافظی آخر، کار خود را به ۳۰ ثانیه محدود کرد.
بنابراین شما نیز تا حدّ ممکن تماس‌های کاری خود را به حالت پیامکی محدود کنید. (یادآوری می‌کنم تا حدّ ممکن و تا جایی که به کار شما لطمه نخورد)

☞ پیامک

پیام‌های کوتاه نیز هر چند کوتاه هستند، اما می‌توانند اثرات زیادی بر روی کار ما داشته باشند. مثلاً یکی از اصلی‌ترین عواملی که تمرکز را به هم می‌زند، پیامک است. همچنین گاهی اوقات ارسال پیامک نیز خود می‌تواند وقت‌گیر باشد و از همین رو در ادامه راهکارهایی در این زمینه ارائه می‌شود:

☞ پاسخ‌های آماده

گاهی اوقات پیش می‌آید که ما مجبور می‌شویم در طول روز پیام‌هایی یکسان را به افراد مختلفی بفرستیم. اطلاعاتی همچون آدرس پستی، کد پستی، شماره کارت بانکی و ...

می‌توانیم با داشتن پاسخ‌هایی آماده تا حدّ ممکن از اتلاف وقت خودداری و زحماتمان را کم کنیم. (بسیاری از اوقات به دلیل تنبلی در تایپ آدرس محل دفتر، این کار ساده را به تعویق می‌اندازیم و بعد نیز فراموش می‌کنیم.)

☞ همان زنگ بهتر است

گاهی اوقات بسته به موضوع صحبت، مخاطب ما و یا شرایط خاص، شاید بهتر باشد که اصلاً ارتباط شکل پیامکی به خود نگیرد و باید ارتباط تلفنی یا حضوری باشد.

مثلاً یکی از همکاران من عادت بسیار عجیبی داشت و یک بحران وحشتناک را با یک کلمه در پیامک اطلاع‌رسانی می‌کرد!

برای مثال در یکی از حساس‌ترین و پرفروش‌ترین زمان‌هایی که از یک محصول جدید در سایت رونمایی کرده بودم، او به من پیامک زد:

Site Daghoone Chera?

و خب بدون شک این کار یک اشتباه بزرگ است که من نیز اشتباه او را با یک پیامک دیگر پاسخ بدهم و بعد با استرس تمام منتظر پاسخ او باشم. در چنین شرایطی بدون هیچ تردید تماس تلفنی مستقیم، بهترین راهکار است.

ارسال پیامك زمان‌بندی شده

الان ساعت ۱:۵۲ بامداد است و من مشغول نوشتن این بخش از کتاب هستم و حدود ۳۰ دقیقه پیش یادم می‌افتد که باید به یکی از دوستانم پیامک حاوی آدرس ایمیلم را ارسال می‌کردم که او برایم فایلی را بفرستد. خب مطمئناً این ساعت اصلاً زمان خوبی برای این کار نیست.

بنابراین از قابلیتی از موبایلم استفاده می‌کنم که این امکان را در اختیار من قرار می‌دهد که یک پیامک را به صورت زمان‌بندی شده برای فردی ارسال کنم و برای همین آن را روی ساعت ۹ صبح فردا تنظیم کردم و مطمئنم که دیگر آن را فراموش نمی‌کنم.

پیامك‌های تبلیغی نیمه بسته

مطمئنم که شما نیز از پیامک‌های تبلیغی، مسابقات پیامکی و ... خسته شده‌اید و بارها برای شما نیز پیش آمده که از پشت میز کارتان- در حالی که مشغول یک پروژه مهم هستید- با شنیدن صدای پیامک از جایتان بلند شده‌اید و ناگهان تبلیغات یا مسابقات پیامکی را دیده‌اید!

متأسفانه اکثر شرکت‌ها و مؤسسات به موضوع حق و حقوق دارندگان موبایل هیچ احترامی قائل نیستند و به سادگی به خود اجازه می‌دهند به هر کسی، هر محتوایی را که دوست داشته باشند، ارسال کنند.

برای همین موضوع شاید بهترین راه این باشد که با هماهنگی اپراتور ارائه‌دهنده خدمات ارتباطی خود، پیامک‌های تبلیغی را قطع کنیم. اما در برخی موارد این کار برایمان مقدور نیست. مثلاً من برخی از پیامک‌های شرکت‌های مورد نظرم را نیز از دست خواهم داد.

بنابراین راهکاری که وجود دارد این است که از نرم‌افزارهای مسدودکننده تبلیغات پیامکی استفاده کنیم. این نرم‌افزارها در انواع موبایل‌ها از جمله اندروید و آیفون وجود دارد.

ایمیل

ایمیل‌ها نیز امروزه سهم مهمی از زندگی ما را تشکیل می‌دهند و گاهی اوقات آنقدر درگیر آن می‌شویم که متوجه نیستیم چه وقت عظیمی از ما صرف چک کردن ایمیل می‌شود. در ادامه راهکارهایی برای مدیریت inbox خود ارائه خواهم کرد.

زمان بررسی ایمیل

اولین گام– و شـایـد مهم‌ترین گام– این باشد که در صورت امکان، شرایطی را فراهم کنیم که همه زمان‌ها مشغول پاسخ دادن به ایمیل نباشیم و با هر ایمیلی که دریافت می‌کنیم، یک هشدار از طرف کامپیوتر یا موبایلمان توجه ما را جلب نکند. حتماً باید در زمان‌های مشـخصی ایمیلمان را چک کنیم. مثلاً می‌توانید ۳ یا ۴ بار در روز، در ساعاتی مشخص این کار را انجام دهید.

هر ایمیل فقط یک بار

موضوع دیگری که باید توجه کنید، این است که هر ایمیل را فقط باید یک بار باز کنیم و بعد یا آن را آرشیو کنیم (و به پوشه مناسب خود منتقل کنیم) یا پاسخ آن را سریع بفرستیم.

بنابراین با خود قرار بگذاریم که تحت هیچ شـرایطی ایمیل‌ها را باز نکنیم، مگر اینکه مطمئن باشـیم فوراً فعالیت مربوطه را انجام می‌دهیم، یا پاسخ آن را خواهیم فرستاد.

این، عادت بسیار بدی است که اول یک بار ایمیل را باز کرده و بعد آن را سر فرصت پاسخ دهیم.

سیستم‌سازی ایمیل

درست مانند پیامک‌ها، سعی کنیم برای ایمیل‌ها نیز پاسخ‌های اتوماتیک درست کنیم و در صورتی که جواب‌های یکسانی مانند آدرس سایت و مشخصات، آدرس دفتر، شماره حساب و ... لازم است از قبل آماده شده باشد.

جالب اسـت بدانید که ما در مجموعه خود به طور متوسـط در هفته حدود ۱۰۰۰ ایمیل دریافت می‌کنیم که معمولاً در کمتر از ۱ روز کاری توسـط کارمندان مربوطه پاسخ داده خواهد شد. زیرا اکثر آنها پاسخ‌های یکسانی دارند و ما سعی کردیم حدود ۸۰ درصد ایمیل‌هایی را که معمولاً بین همه مشترک هستند، به صورت ۳۰ قالب آماده در بیاوریم و آن ۲۰ درصد باقی مانده نیز به صورت دستی پاسخ داده خواهد شد.

اما متأسفانه بسیاری از همکاران یا دارندگان وب‌سایت، به اینکه ۳۰ یا ۴۰ هزار ایمیل نخوانده دارند، اسـتناد می‌کنند و می‌گویند که سرشان شلوغ است. این در حالی اسـت که با سیستم‌سـازی و پاسخ‌دهی منظم توسط یک کارمند، می‌توان به سادگی آنها را مدیریت کرد.

لغو عضویت در ایمیل‌ها

اگر در سایت‌های مختلفی عضو هستید و از آنها خبرنامه‌ای دریافت می‌کنید که خیلی ارزشمند نیست و مطالب آموزشی مفیدی برای شما ندارد، شاید بد نباشد که اشتراک خود را لغو کنید.

امروزه اکثر فرستندگان ایمیل در پایین ایمیل خود، گزینه‌ای به اسم لغو عضویت یا عناوینی مشابه آن دارند (در ایمیل‌های انگلیسی دنبال واژه Unsubscribe باشید) که با کلیک بر روی آنها می‌توانید عضویت خود را لغو کنید و دیگر ایمیلی از آنها دریافت نخواهید کرد.

پوشه‌های جیمیل

اگر از سیستم جیمیل (Gmail.com) استفاده می‌کنید، خواهید دید که ایمیل شما پوشه‌ها و بخش‌بندی‌های مختلفی دارد. شما می‌توانید ایمیل‌ها را در پوشه‌های دلخواه، دسته‌بندی‌های مختلف، تبلیغات و به روزرسانی‌ها و ایمیل‌های مهم طبقه‌بندی کنید.

پیشنهاد می‌کنم به هزاران مطلب موجود در اینترنت به زبان فارسی مراجعه کنید و مهارت‌های کار با پوشه‌ها و فیلترهای جیمیل را فرا بگیرید تا در مدیریت ایمیل‌های خود بسیار عالی عمل کنید.

شبکه‌های اجتماعی

شبکه‌های اجتماعی مختلفی بر روی کامپیوتر، موبایل، تبلت و به طور کلی هر جایی که اینترنت باشد، وجود دارند و تقریباً همه ما روزانه ساعات قابل توجهی را– بدون آنکه متوجه باشیم– صرف این شبکه‌ها می‌کنیم.

پیشنهاد قطعی و بدون هیچ تردیدی که دارم این است که تا حدّ ممکن از عضویت در شبکه‌های اجتماعی مختلف خودداری کنید. اما اگر به هر دلیلی امکان این موضوع برای شما فراهم نیست، روش‌های زیر می‌تواند به شما کمک کند.

شاید این سؤال برای شما پیش بیاید که مجموعه ما تقریباً در همه شبکه‌های اجتماعی فعال است و از چند هزار تا نزدیک به چهل هزار عضو در شبکه‌های اجتماعی مختلف دارد، پس چطور من می‌گویم که هیچ شبکه اجتماعی ندارم؟!

در واقع من فقط این صفحات را راه‌اندازی کردم و قرار دادن محتوا بر عهده

همکارانم است و یا اینکه من محتوا را مشخص کرده و آنها در شبکه‌های اجتماعی قرار می‌دهند تا من درگیر نشوم.

☞ پاک‌سازی

اولین کاری که می‌توان برای مدیریت شبکه‌های اجتماعی انجام داد، این است که تا حدّ ممکن آنها را از روی موبایل و کامپیوتر خود پاک کنیم. اما اگر ممکن نیست، می‌توانیم با پاک‌سازی و یا سبک‌سازی، کار خود را ساده کنیم.
برای مثال، می‌توانیم صفحات و یا افرادی را که در شبکه‌های اجتماعی دنبال می‌کنیم، کمتر کنیم و از برخی از صفحات عمومی و بی‌کاربرد- مثل صفحات زرد- لغو عضویت کنیم.

☞ زمان دسترسی

همان طورکه بارها و بارها در این مورد صحبت کردیم، زمان دسترسی خود را به عوامل حواس پرت کن محدود کنید. حتماً توصیه می‌کنم که تا حدّ ممکن زمان دسترسی به این شبکه‌ها را محدود کنید. نباید اجازه دهیم که هر موقع دلمان خواست به آنها سر بزنیم!
بسیار مهم است که در ابتدای صبح به سراغ شبکه‌های اجتماعی نرویم و اجازه دهیم در عصر یا زمانی که وقت استراحتمان است این کار انجام بگیرد.

☞ خروج از آن‌ها

باید سعی کنیم تا حدّ ممکن دسترسی به شبکه‌های اجتماعی را دشوار کنیم. برای مثال، هر بار که به آنها وارد می‌شویم، پس از اتمام کار، از آنها به صورت کامل خارج شویم که دفعه بعد مجبور باشیم اطلاعات ورود و رمز عبور خود را نیز وارد کنیم.
همین موضوع باعث می‌شود که دیگر به صورت ناخودآگاه از مراجعه به شبکه‌های اجتماعی خودداری کنیم.

☞ ورود با شماره تماس دیگر

روش دیگری که من گاهی اوقات مجبور به استفاده از آن می‌شوم، این است که اگر با شماره همراه اصلی خود در شبکه‌هایی همچون وایبر عضو شوم، تمام

همکاران، دوستان و ... توقع دارند در گروه آنها عضو شوم و البته به فعالیت بپردازم! از همین رو اگر به دلیل ارتباط با خارج از کشـور و ... لازم است به این شبکه‌ها دسترسـی داشته باشـم، از شماره دیگری اسـتفاده می‌کنم که فقط شخصاً به آن دسترسی دارم و کسی از آن اطلاع ندارد.

در این صورت می‌توانم تصمیم بگیرم که چه کسانی در این شبکه‌های اجتماعی بتوانند به من دسترسی داشته باشند.

☞ راهکارهای غیر تکنولوژیك

همچنیـن در ادامه، چند راهکار غیـر تکنولوژیک برای مدیریت تکنولوژی ارائه می‌کنیم. یکی از بهترین روش‌ها، سـاخت قلك یادآوری اسـت. برخی افراد وقتی کاری برخـلاف قول و قرار خود انجام می‌دهند، صندوقی در نظر می‌گیرند و با هر بار تخلف، پولی در آن می‌اندازند. قلك رسانه‌های اجتماعی هم به همین شـکل است با کمی تغییر که در آن داده‌ام.

۲۰ هـزار تومان را به صورت ۲۰ تا هزار تومانی در ابتدای صبح کنار می‌گذارم (شـما می‌توانید هر مبلغی که دوسـت دارید کنار بگذارید) هر تخلفی که انجام دادم– مثلاً خارج از سـاعت مشخص شـده به اینستاگرام سر زدم– ۳ هزار تومان در قلك می‌اندازم.

در پایان روز قلك را بررسی می‌کنم و اگر درون آن خالی باشد، ۲۰هزار تومان را برای خودم کنار گذاشـته و هر چیزی که بخواهـم با آن تهیه می‌کنم. ولی اگر پولی در صندوق باشـد، آن را به مؤسسـه خیریه‌ای می‌دهم و صبح بعد دوباره ۲۰ هزار تومان ...

☞ تکنولوژی در خدمت مقابله با اهمال‌کاری

تا به اینجا تماماً از تکنولوژی بد گفتم! اما اجازه بدهید نرم‌افزارها و برنامه‌هایی کاملاً کاربردی را معرفی کنم که می‌توانند تأثیرات بسیار خوبی در سبک زندگی ما داشته باشند.

☞ ساخت عادت

در بسیاری از اوقات ما تصمیم‌هایی می‌گیریم و می‌خواهیم که عادت جدیدی را در خود شـکل دهیـم، اما به دلیل فراموشـی و ... این موضوع به صورت کلی

لغو می‌شـود. در صورتی که اگر از تلفن‌های هوشمند استفاده می‌کنیم، می‌توانیم از نرم‌افزارهایی استفاده کنیم که به ما بسیار کمک می‌کنند.

بـرای مثال، بـرای موبایل‌هـا و تبلت‌های اندرویـدی می‌تـوان از برنامه Goal Tracker اسـتفاده کرد. در این برنامه، شـما هدف‌ها و عادت‌های مطلوب خود را مشخص می‌کنید و هر روز باید مشخص کنید نسبت به هدف خود چه عملکردی داشتید. این اهداف می‌توانند بله یا خیر باشند، و یا مقدار داشته باشند.

مثلاً می‌توانید هدف مالی خود را ۲۰ میلیون تومان تا ماه آینده تعیین کنید و بعد فروش روزانه خود را در آن وارد کنید و ببینید که در کجای کار قرار گرفته‌اید.

همچنین دوستانی که از دستگاه‌های آیفون یا آی پد استفاده می‌کنند، می‌توانند از برنامه Way of Life لذت ببرند. این برنامه به شما کمک می‌کند که رفتارها و برنامه‌های روزانه خود را در آن وارد کنید، و بعد با نمودارهایی بسیار عالی عملکرد شما را به صورت روزانه و هفتگی و ماهانه و ... بررسی می‌کند.

البته برنامه‌های بسیار زیادی برای ساخت عادات (Habit maker) وجود دارند که پیشنهاد می‌کنم حتماً در این مورد جستجویی در اینترنت داشته باشید.

☜ برنامه‌ریزی و لیست وظایف

همانطورکـه در انواع اهمال‌کاری بیان کردیم، یکی از دلایل اهمال‌کاری ما این است که ما لیسـت‌های اقدامات خود را نداریم. در این قسمت قصد دارم مروری کلـی بر یک نرم‌افزار فوق‌العاده کاربردی و البته رایگان، برای تمام دسـتگاه‌های موبایل، کامپیوترهای ویندوزی و مکینتاش و ... داشته باشم.

نرم‌افزار وان نوت (One Note) برنامه فوق‌العاده کاربردی است که از حدود ۵ سال گذشته، من تمام فعالیت‌ها و لیست‌ها و ایده‌های خود را در آن وارد می‌کنم و شما در این برنامه می‌توانید دقیقاً مانند یک کلاسور مطالب خود را یاداشت نمایید.

در ابتـدا نام کلاسـور، بعـد بخش‌بندی‌های آن و بعد هم صفحات را مشـخص می‌کنیـد و می‌توانید هرجایی از صفحه هر مطلبی را بنویسـید. بـا موبایل خود از صحنه یا نوشـته کاغذی عکـس بگیرید و به آن اضافه کنیـد و حتی می‌توانید از برچسب‌های بسـیار خوبی مانند «کتاب‌هایی که باید بخوانم» یا «سایت‌هایی که باید ببینم» استفاده کنید.

توصیه می‌کنم حتماً در این رابطه در اینترنت جستجویی داشته باشید.

مدیریت پروژه‌ها با ترلو (Trello)

یکـی از بهترین ابزارهای رایگان بـرای مدیریت پروژه و انجام صحیح آن، ترلو (Trello) اسـت. به کمـک ترلو می‌توان پروژه‌ها را در قالـب بوردهایی (Board) مدیریت کرد. به عنوان مثال، پروژه طراحی وب‌سایت گالری عکس، در ترلو یک بورد اسـت. همه فعالیت‌های مربوط به یک پروژه می‌توانند در دسته‌های مختلفی، گروه‌بندی شـوند. به این دسـته‌ها لیست (List) گفته می‌شـود. فعالیت‌ها، تحت مجموعه‌ای با نام کارت (Card) در این لیست‌ها قرار می‌گیرند.

تعریف و پیکربندی پروژه در ترلو

می‌توان با توجه به پروژه، لیسـت‌های متفاوتی تعریف کرد. به عنوان مثال، برای پروژه گالری عکس، لیست‌های زیر را تعریف می‌کنیم:

- لیست کارهایی که باید انجام شود.
- لیست کارهایی که باید نیازسنجی شود.
- لیست کارهایی که در حال انجام است.
- لیست کارهایی که باید توسط مشتری تأیید شود.
- لیست کارهایی که تمام شده است.

برای اسـتفاده رایگان از این وب‌سایت و برنامه‌های آن می‌توانید به آدرس زیر مراجعه کنید.

https://trello.com

یادآوری

گاهی اوقات فعالیت‌هایی که باید انجام دهیم، نیاز به یک زمان‌بندی دارد، مثلاً الان به ذهنم می‌رسـد که فردا با ناشـر کتابم تماس بگیرم و به احتمال زیاد فردا آن را فرامـوش خواهم کرد، و یا اینکه تا فـردا، تمام ذهن من درگیر این موضوع خواهد بود.

برای همین، نرم‌افزارهای یادآورنده‌ای (Reminders) وجود دارند که برای انواع موبایل‌ها به شکل‌های مختلف طراحی شده‌اند و به ما کمک می‌کنند تا رویدادهای مهم را با ذکر تاریخ در آنها وارد کنیم و این دستگاه‌ها در فرصت‌های مناسب آن را به ما یادآوری می‌کنند. شاید یکی از قوی‌ترین برنامه‌ها، برنامه Evernote باشد که برای تمام انواع گوشی‌ها و سیستم‌های عامل کاربردی است.

☞ **بررسی و تحلیل خودمان**

اگر زیاد اهل گشـت و گذار در اینترنت هسـتید، بدون هیچ تردیدی پیشـنهاد می‌کنم بر روی مرورگر گوگل کروم خود یک افزونه به نام time tracker نصب کنید تا جزئیات مدت زمانی که بر روی سایت‌های مختلف می‌گردید را مشخص نماید.

این برنامه لیستی از ساعت‌های حضور شما در سایت‌های مختلف ارائه می‌کند و شما متوجه می‌شوید که کدام یک از سایت‌ها وقت غیر مُجازی از شما گرفته است و از همین رو می‌توانید زمان حضور خود را در صفحات مختلف مدیریت کنید.

فصل ششم

نکاتی در مورد انواع اهمال کاری

☞ چند نکته در مورد انواع اهمال‌کاری

در پایان این بخش، شاید لازم باشد چند نکته در مورد اهمال‌کاری را با یکدیگر مرور کنیم.

اولین نکته این است که بسیاری از افراد ممکن است همین الان اهمال‌کاری نکنند و اتفاقاً بسیار پرتلاش باشند، اما در طول زمان در انجام برخی از کارها اهمال‌کاری به سراغ آنها بیاید.

مورد دوم این است که ما ممکن است در یک حیطه اهمال‌کار بوده و در حیطه بعدی نباشیم. مثلاً ممکن است فردی در کار خود بسیار سخت‌کوش باشد، اما نوبت به زندگی شخصی‌اش که می‌رسد، یک انسان اهمال‌کار تمام عیار شود! یا ممکن است که من در سخنرانی فردی بسیار فعال باشم، اما موقعی که می‌خواهم چیزی بنویسم دچار اهمال‌کاری شوم.

مثلاً آنتونی رابینز دقیقاً همینطور است و عاشق سخنرانی است، اما از نوشتن زیاد خوشش نمی‌آید. در مصاحبه‌ای از او پرسیدند که چرا در ۱۲ سال اخیر کتاب جدیدی ننوشته‌اید؟ و او جواب داد: برای اینکه از کتاب نوشتن بدم میاد!

و نکته پایانی که باید در ذهن داشته باشیم، این است که قرار نیست ما با خواندن یک کتاب یک مرتبه تغییر کنیم. مثلاً وقتی کتاب تمام شد، انسان جدیدی شویم که دیگر هرگز اهمال‌کاری نمی‌کند! اهمال‌کاری در همه ما ریشه دوانده و یاد گرفته‌ایم که اهمال‌کاری کنیم و تنبلی داشته باشیم. پس باید در رفع آن هم حوصله به خرج دهیم و بپذیریم که رفع این عادت، نیاز به زمان، همت و پشتکار دارد.

پیشنهاد من این است که روزی یک هزارم بهتر شویم. یک هزارم به مرور زمان وقتی جمع شود، فوق‌العاده می‌شود!

ظرف یک ماه به ۳ درصد رشد می‌رسد. ظرف یکسال به ۳۶ درصد رشد می‌رسد و هر ۳ سال ۲ برابر می‌شود.

همچنین برای برخی از دوســتان، پیشنهاد من این است که مقابله با اهمال‌کاری را از کارهای کوچک آغاز کنید تا مؤثرتر واقع شــود. چون درافتادن با چیزی که خیلی برایمان بزرگ و سخت است، شاید در وهله اول خیلی معقول نباشد. پس اول اجازه بدهیم کمی عضلات مقابله با اهمال‌کاریمان قوی شود و اراده قدرتمندتری پیدا کنیم، و بعد به کارهای بزرگ بپردازیم.

به این نکته نیز دقت بفرمایید، در یک جایی از صحبت‌هایم گفتم که بپرید وسط کار! اما برای برخی افراد، این اســتراتژی اصلاً جواب نمی‌دهد و شما برعکس باید عمل کنید. شــما باید خیلی آرام بروید. دقیقاً مثل استخر رفتن است. بعضی افراد عادت دارند خیلی آرام و گام به گام وارد استخر شــوند تا بدنشان نسبت به دما عادت کند. بعضی افراد دوســت دارند یک‌مرتبه توی اســتخر بپرند. معمولاً هر دو دسته هم از دست هم ناراحت هستند!

مهم نیست جزء کدام دسته هستید، مهم این است که بالاخره خودتان را به آب برسانید!

☞ **با چرایی شروع کنید!**

در بسـیاری از اوقات، هیچ کدام از ما مشکل اهمال‌کاری و تنبلی نداریم و دلیل اینکه کاری نمی‌کنیم، این است که هدفی نداریم و وقتی هدفی نداریم، حالا روی چگونگی زندگی چرا باید بحث کنیم؟!

این جمله از نیچه، تأثیرات بسیار بزرگی در من داشته:

📌 **اگر چرایی چیزی را بدانیم، با چگونگی آن کنار می‌آییم.**

متأسفانه اکثر ما در مورد چگونگی هدف‌گذاری در زندگی دچار مشکل هستیم و نمی‌دانیـم که چطور باید این کار را انجام دهیم. چندی پیش در یکی از بهترین مدارس تهران خواسـتم که دانش‌آموزان ۵ هدف اصلی زندگی خود را به ترتیب اولویت بر روی تکه کاغذی- بدون نام – بنویسند و به من تحویل دهند.

زمانی که بعد از کلاس به پاسخ دانش‌آموزان نگاه کردم، حسرت زیادی خوردم. زیرا دیدم که به جز یک نفر، هیچ کدام از ۷۳ نفر دیگر نمی‌دانستند که چطور باید هدف‌گذاری کنند. در همین رابطه چند هدف بسـیار متداول، اما کاملاً نادرست را با هم مرور کنیم:

۱. پولدار شوم.

۲. خوشبخت شوم.

۳. در درسم موفق شوم.

۴. یک زندگی معمولی داشته باشم!!

۵. یک زندگی آرام داشته باشم.

۶. برای جامعه مفید باشم.

۷. دائماً در سفر باشم.

۸. ازدواج کنم.

۹. یک شغل خوب داشته باشم.

هدف‌ها سوخت حرکت ما هستند و به شدت می‌توانند جلوی اهمال‌کاری ما را بگیرند. بنابراین بخش قابل توجهی از این قسمت را به این موضوع اختصاص خواهیم داد.

در ابتدای کار لازم است که ببینیم اصلاً چطور باید هدف‌گذاری کنیم و ویژگی‌های هدف چیست؟

☞ ویژگی‌های هدف

روش‌های هدف‌گذاری زیادی وجود دارند که ما بسته به نیاز خود می‌توانیم از آنها استفاده کنیم. اما در اینجا چند نکته کلی در مورد هدف را با یکدیگر مرور می‌کنیم تا بتوانیم به اهداف بسیار خوبی برای خود دست پیدا کنیم.

☞ خاص بودن

اولین نکته مهم در هدف‌گذاری این است که، اهداف باید دقیق باشند. یعنی دقیقاً باید بدانیم چه می‌خواهیم. «من می‌خواهم خوشبخت شوم» یعنی چه؟ من می‌خواهم سالم باشم یعنی چه؟ اصلاً دقیق نیست!

سالم بودن تعریف دارد. قد، وزن، سلامتی و ... من باید با مشخصات خاصی باشند. بنابراین باید توجه کنیم که جملات کلی، اصلاً به ما کمک نمی‌کنند!

☞ قابل اندازه‌گیری بودن

یکی از اصول بسیار مهم در هدف‌گذاری این است که هدف باید قابل اندازه‌گیری باشد. مثلاً وقتی هدف خود را «پولدار بودن» می‌گذاریم، مغز ما نمی‌فهمد که چقدر باید تلاش کند و از همین رو چون نقشه مشخص نیست، اصلاً اقدامی صورت نمی‌گیرد.

اهدافی مانند ثروتمند شدن قابل اندازه‌گیری نیستند. ما باید برای خود مقدار مشخصی سرمایه و درآمد را درنظر بگیریم. برای مثال، می‌توانیم بگوییم: «من می‌خواهم ماهانه ۳۰ میلیون تومان درآمد داشته باشم.»

یا اینکه من در انتهای سال ۹۸ باید ۵۰۰ میلیون تومان پول در حسابم داشته باشم.

قابل دستیابی بودن

در یکی از دوره‌های آموزشی خود، از تمامی شرکت‌کنندگان پرسیدم که می‌خواهید درآمد ماهیانه‌تان چقدر باشد؟ در بین شرکت‌کنندگان، فردی گفت ماهانه ۱۰۰ میلیاد دلار!

جالب است بدانید که تمام ثروت ثروتمندترین مرد دنیا در حال حاضر (بیل گیتس) مجموعاً ۷۹/۲ میلیاد دلار است و این فرد می‌خواست ماهانه ۱۰۰ میلیاد دلار درآمد داشته باشد!

زمانی‌که اهداف ما واقعی، قابل دستیابی و معقول نباشند، نمی‌توان توقع داشت که نتیجه‌ای حاصل شود.

هدف باید به گونه‌ای درنظر گرفته شود که نسبت به خودمان و واقعیت‌های دنیا دست یافتنی باشد و البته گام به گام!

دارای زمان باشد

عامل دیگر این است که زمان‌دار باشد. یعنی یک مهلت انجام کار را برای خودمان تنظیم کرده باشیم. اگر بدون زمان باشد، احتمالاً یک روزی انجام خواهیم داد!

اقدامک:

حالا لطفاً هدف‌هایتان را که در ابتدای صحبت‌ها نوشته‌اید، با این موضوعات تطبیق دهید و ببینید آیا به درستی نگاشته شده‌اند یا خیر؟

۱.
۲.
۳.
۴.
۵.

حالا با لحاظ موارد گفته شـده، می‌توانیم از هدف زیر به عنوان یک هدف نسبتاً درست صحبت کنیم:

من می‌خواهم تا ۵ سال آینده ۱ میلیون دلار داشته باشم و از فروش محصولات آموزشی، سخنرانی و ارائه مشاوره و... این مبلغ را به دست خواهم آورد.

پیشـنهاد می‌کنم حتمـاً کتاب «هدف‌ها» از برایان تریسـی را مطالعه کنید تا با روش‌های بسیار عالی هدف‌گذاری آشنا شوید.

☞ مکتوب کردن هدف

تحقیقات نشان داده که ۹۷ ٪ مردم دنیا هدف‌هایشان مکتوب نیست و فقط ۳٪ جامعه هستند که هدف‌های خود را نوشته‌اند.

☞ چرا هدف‌گذاری نمی‌کنیم؟

بـرای متفاوت شـدن از آن ۹۷ درصد جامعه که هدف‌گـذاری نمی‌کنند، نیاز به چند دقیقه وقت و یک کاغذ و خودکار داریم. به نظر می‌رسد که اصلاً این موضوع سخت نیست و تقریباً همه ما می‌دانیم که نوشتن اهداف امری بسیار مهم است. اما اکثر ما در نوشتن آن اهمال‌کاری می‌کنیم. برای این نوع رفتار دلایل زیادی وجود دارد. اجازه دهید به این دلایل نگاهی بیاندازیم:

☞ فکر می‌کنیم مهم نیست!

اولین دلیل برای ننوشتن اهداف این است که ممکن است با خود فکر کنیم که نوشتن اهداف ضرورتی ندارد و احتمالاً چنین بگوییم:

مهم نیست دیگه! حالا دیگه! نوشتن نمی‌خواد که!

اما باید بدانیم که این یک تصور سمّی و بسیار اشتباه است! نوشتن هدف بسیار بسـیار مهم است. اگر شما جزء افرادی هستید که احسـاس می‌کنید نوشتن اهداف ضرورتـی ندارد، پیشـنهاد می‌کنم حتمـاً تحقیقـی را که در کتاب «قدرت عادات»[1] مطرح شده مرور کنیم.

این تحقیق بر روی تعدادی از بیمارانی که اسـتطاعت مالی بسیار پایینی داشتند انجام شـد. این بیماران، درآمد سـالیانه‌ای معادل ۱۰ هزار دلار داشـتند و این در صورتی بود که این مبلغ از میانگین درآمد مردم آمریکا، بسیار پایین‌تر است.

---

1. Power of Habits

همچنین میانگین سـنی آنها ۶۸ سـال و نقطه مشـترک آنها این بود که همگی جراحـی زانو انجام داده بودند. جراحی زانو در آن سـن بسـیار دردنـاک اسـت و مشـکلات بسـیار زیادی دارد و کسـانی که تحت عمل جراحی قرار گرفته‌اند باید دائمـاً ورزش کنند و در صورت عـدم ورزش، عمل جراحی آنها کاربردی نخواهد داشت و افراد عملاً به حالت قبل برگشته و اوضاع خیلی بدتر نیز می‌شود. اما مسئله اینجاسـت که ورزش کردن در آن شـرایط برای افراد تحت عمل جراحی بسـیار دردآور اسـت. کسـانی که در آن شرایط جراحی زانو داشته باشد، حتی وقتی روی تخت خواب می‌غلطند از درد زانو بیدار می‌شوند و ناله می‌کنند!

حال فرض کنید که این افراد با وجود تمام مشـکلاتی که دارند باید ورزش نیز انجام دهند! و از آنجایی که ورزش کردن برای آنها بسیار دردناک است، بسیاری از افراد به خاطردرد، حاضر نبودند تمرینات ورزشی خود را به انجام برسانند.

در این تحقیق به نیمی از افراد گفته شد که لطفاً هدفتان را مکتوب کنید و دقیقاً بنویسـید که چگونه ورزش می‌کنید؟ چقـدر ورزش می‌کنید؟ چه زمانی و به چه وسـیله‌ای؟ مثلاً نوشـته بودند که من ۲ روز یک‌بار به ورزش می‌روم. با همسـرم می‌روم و ساعت ۷ صبح خواهم رفت و این لباس را می‌پوشم و ...

و به نیمی دیگر از افراد، هیچ موضوعی گفته نشـد و جالب اسـت بدانید افرادی که هدف‌های خود را نوشـته بودند ـ یا به بیان دقیق‌تر جزئیات رسـیدن به هدف خـود را برنامه‌ریزی کرده بودند ـ۲ برابر بیشـتر ورزش می‌کردند و همین مقدار، تضمین‌کننده سلامت آنها بود. بنابراین نتیجه‌ای که از این تحقیق می‌توانیم بگیریم این است که:

📌 **نوشتن برنامه اجرایی دقیق برای چگونگی رسیدن به اهداف، می‌تواند احتمال رسیدن به هدف را دو برابر کند!**

☞ در ذهنم هست

دومین دلیل ـ یا به بیانی دقیق‌تر دومین توجیه ـ متداول برای ننوشتن اهداف این است که معمولاً با خود می‌گوییم:

می‌دونم دیگه، می‌دونم هدف‌هام چی هستند و نیازی به نوشتن نیست!

حقیقت این است که بین نوشتن و ننوشتن یک موضوع، تفاوت‌های بسیار زیادی وجود دارد. هیچ فردی تحت هیچ شـرایطی نمی‌تواند بگویدکه چون من چیزی را

در ذهنم دارم، نیازی به نوشتن اهدافم ندارم.

آقای مارک مک کورماک[2] از تحقیق دانشگاه هاروارد در سال‌های ۱۹۷۹ تا۱۹۸۹ میلادی، مطالب بسیار جالبی را در کتاب خود با نام «آنچه در دانشکده بازرگانی دانشگاه هاروارد به شما نمی‌گویند» مطرح کرده است.

در این تحقیق از دانشجویان پرسیده می‌شود که:

«آیا هدف و برنامه دقیق و معینی برای آینده خود ترسیم کرده‌اید؟»

و تنها ۳ درصد از آنها هدف و برنامه مشخص داشته و ۱۳ درصد فقط هدف داشتند و برنامه خود را مشخص نکرده بودند و ۸۴ درصد باقی مانده نیز هیچ هدف دقیقی برای خود طراحی نکرده بودند.

۱۰ سال بعد، از همان دانشجویان، تحقیقی انجام شد که مشخص گردید آن ۱۳ درصدی که فقط هدف داشتند (اما برنامه دقیق نداشتند)، درآمد قابل قبولی داشتند که حدود ۲ برابر درآمد آن ۸۴ درصد افراد بی هدف بود. شاید برایتان جالب باشد اگر بدانید که آن ۳ درصد درآمد فوق‌العاده بالایی داشتند که ۱۰ برابر درآمد همه هم‌کلاسی‌های دیگرشان بود!

بنابراین ما هم باید با نوشتن، عملکرد خود را بهبود ببخشیم.

☜ با هدف‌گذاری اصولی آشنا نیستیم

سومین دلیل احتمالی برای ننوشتن هدف‌های زندگیمان، این است که احتمالاً بلد نیستیم هدف‌گذاری کنیم. یعنی نمی‌دانیم چطور باید هدف‌گذاری را انجام دهیم و این موضوع چه اصول و روش‌هایی دارد. مشخص است که وقتی بلد نباشیم کاری را انجام دهیم، یا آن را به کلی انجام نمی‌دهیم و یا اینکه به دلیل درست انجام ندادن آن کار، نتیجه‌ای نمی‌گیریم و از انجام اصل کار ناامید می‌شویم.

☜ از نوشتن اهداف می‌ترسیم

آخرین دلیل و احتمالاً دشوارترین دلیل برای ننوشتن اهداف، ترس از شکست است. بسیاری از انسان‌ها صرفاً به دلیل ترس از نرسیدن به هدف، از هدف‌گذاری خودداری می‌کنند.

شاید این موضوع برای شما عجیب باشد، اما یکی از جدی‌ترین مکانیزم‌های مغز برای حفظ حالت موجود (که در ابتدای این کتاب در مورد آن صحبت کردیم)

---

2. Mark McCormack

ننوشتن اهداف است.

زمانی که ما اهداف خود را می‌نویسـیم به احتمال زیاد باید خود را مجبور کنیم که برای دسـتیابی به آن اهداف تلاش کنیم و از آنجایی که تقریباً همه ما از این موضوع نگرانیم که نکند به اهداف نوشته شده خود دست پیدا نکنیم، گاهی اوقات صورت مسئله را پاک کرده و به صورت کلی هدف‌گذاری نمی‌کنیم!

یکی از گام‌های بسـیار مهم در هدف‌گذاری این اسـت که هدف برای خودمان قابل اجرا شدن و البته باورپذیر باشد. از همین رو اگر درست هدف‌گذاری را انجام دهیم، دچار این مشکل نخواهیم شد.

اقدامك:

همین الان با توجه به توضیحات بالا، اگر تاکنون هدف‌های خود را مکتوب نکرده‌اید، این کار را انجام دهید.

۱.

۲.

۳.

۴.

۵.

☞ خط‌کش رفتارها

یکـی از قدرتمندترین تمرین‌های این کتـاب، بدون هیچ تردیدی همین تمرین است. ساختن خط‌کش رفتارهایمان برای یک هفته!

پـس از اینکه ما هدف‌گذاری را به صورت درسـت و اصولی انجام دادیم، زمان آن می‌رسد که با یک خط‌کش، تک تک رفتارهایمان را بسنجیم و ببینیم که آیا در راستای هدف ما هستند یا خیر؟

بنابراین، کاری که باید انجام دهیم این اسـت که به مدت یک هفته، تک تک فعالیت‌هایمان را به صورت بسیار دقیق یادداشت کنیم. این کار، درست از لحظه‌ای

که بیدار می‌شــویم، آغاز شــده و تا ثانیه‌هایی قبل از به خواب رفتن ادامه خواهد داشت.

برای مثال، من برنامه امروز خود را برای شما شرح می‌دهم:

● ساعت ۳:۳۰ صبح بیدار شدم.

● ۳:۳۰ تــا ۳:۳۵ طبق عادت هر روز (و به توصیه تونی رابینز) قبل از هر چیزی یک لیوان آب خنک و چند قطره لیموترش خوردم.

● ۳:۳۵ تا ۳:۵۰ فایل سخنرانی را در لپ‌تاپ ریختم و کمی تغییر دادم.

● ۳:۵۰ تا ۳:۵۵ چند فایل ضروری را دانلود کردم.

● ۳:۵۵ تا ۴ فروش‌ها و درآمد دیروز را چک کردم.

● ۴ با آژانس تماس گرفتم.

● ۴ تا ۴:۱۰ دقیقه: امور بهداشتی

● ۴:۱۰ تا ۴:۱۲ صبحانه مختصر

● ۴:۱۲ تا ۴:۱۵ چک کردن ایمیل

● ۴:۱۵ تا ۴:۲۰ پوشیدن لباس و خروج از خانه

این فقط برنامه ۵۰ دقیقه بود. وقتی که در طول روز این‌قدر دقیق و جزیی همه چیز را یادداشت کنیم، به اطلاعات بسیار دقیقی دست پیدا می‌کنیم. بنابراین نگران نوشـتن حجم زیاد اطلاعات نباشیم و مطمئن باشیم که این کار مزایای فوق‌العاده زیادی برای ما دارد.

اقدامک:

از همین الان به مدت ۷ روز تک تک فعالیت‌هایی را که انجام می‌دهید، به صورت جزیی و بسیار دقیق یادداشت کنید.

شاید چند روز اول، نوشتن فعالیت‌های روزانه (آن‌هم این‌قدر دقیق) کار بیهوده‌ای به نظر برسد. اما مطمئنم که بعد از گذشت یک هفته، برنامه شما به صورت کامل متحول خواهد شــد. زیرا با نگارش جزئیات کار خودمان، متوجه الگوهای رفتاری خود و همچنین زمان‌های بلااستفاده و هدر رفته خواهیم شد.

چیزی که ثبت نشود، قابل ارزیابی نیست.

این کار، کاری است که شاید چند روز اول دشوار باشد، اما بعد از مدت کوتاهی عادت می‌شود و خواهید دید که چه معجزه‌ای می‌کند.

نوشتن جزئیات فعالیت‌ها فایده‌های زیادی دارد که برخی از آنها عبارتند از:

۱. به دلیل مکتوب شدن، از انجام کارهای بیهوده خودداری می‌کنیم.

۲. متوجه زمان‌های از دســت رفته خواهیم شد. (و به احتمال زیاد بسیار تعجب خواهیم کرد!)

۳. الگوهای رفتاری اشتباه در خود را به نحو مطلوبی پیدا خواهیم کرد.

امیدوارم تا اینجای این کتاب مورد توجه شما قرار گرفته باشد. از شما خواهش می‌کنم کــه تا ۷ روز آینده از خواندن ادامه این کتــاب خودداری کنید و فقط به اجــرای اقدامک‌ها بپردازید و ۷ روز به صورت بسیار دقیــق، فعالیت‌های خود را مکتوب کرده و پس از آن مطالعه را ادامه دهید.

تعهد نامه

من .... به خودم متعهد می‌شوم که از تاریخ .... به مدت ۷ روز (یعنی تا تاریخ ....) فعالیت‌های مطرح شده تا اینجای کتاب را به صورت کاملاً دقیق انجام دهم و پس از آن ادامه کتاب را مطالعه کنم.

امضا

انجام این کار برای دارندگان موبایل‌های آیفون توسط برنامه (Activity Log) امکان‌پذیر است و دقیقاً برنامه‌ای به همین نام برای دارندگان موبایل‌های اندرویدی وجود دارد که می‌توانند لحظه لحظه برنامه روزانه خود را ثبت کنند.

اعتقادات کشنده
در اهمال کاری

اعتقادات کشنده در اهمال‌کاری

در مقوله اهمال‌کاری، اعتقاداتی وجود دارد که باعث می‌شود رفتارهای اهمال‌کارانه در ما بیشتر تقویت شود و در این فصل قصد داریم اعتقادات کشنده در مقوله اهمال‌کاری را با یکدیگر مرور کنیم:

۱. عدم قبول تقصیر
۲. یه روز خوب میاد
۳. تا از آن لذت نبرم، انجامش نمی‌دهم
۴. من هیچ وقت اهمال‌کاری نخواهم کرد
۵. بدگویی به خود
۶. با یک‌بار هیچ چیزی نمی‌شود

عدم قبول تقصیر

اولین اعتقاد کشنده در اهمال‌کاری، این است که ما مسئولیت اهمال‌کاری خودمان را قبول نکنیم. با ریشه‌یابی این موضوع، شاید به سادگی بتوانیم متوجه شویم که چرا بسیاری از ما سهم خود را در مسئولیت‌هایمان نمی‌پذیریم.[1] حتماً همه ما پدرانی را دیده‌ایم که وقتی پای ما به لیوان می‌خورد و می‌شکند می‌گویند مگه کوری؟ و وقتی پای خودشان به آن می‌خورد- دقیقاً در همان شرایط- می‌گویند که آخه این جای گذاشتن لیوان است؟

یا از بچگی وقتی زمین می‌خوردیم، برای اینکه گریه نکنیم، بزرگترها زمین را می‌زدند و می‌گفتند: اَه! زمینِ بَد!

و البته در ادامه زندگی، ما نیز این روش را ادامه دادیم و تا حدّ ممکن از قبول تقصیر شانه خالی کردیم. باید بپذیریم که در هر شرایطی ما سهمی داریم و اگر سهم خود را نپذیریم، هیچ تغییری نخواهیم کرد.

---

۱. در مورد نقش عزت نفس در پذیرش مسئولیت در کتاب «انسان ۲۰۲۰» مطالبی کاملاً کاربردی ارائه شده است.

دوستی دارم که هر زمان می‌شنود کسی در حال شراکت با دیگری است، فوراً وارد عمل می‌شود و اعلام می‌کند که شراکت بزرگ‌ترین اشتباه است و من خودم دو بار شراکت کردم و هر بار شریکم مرا بازی داد و پولم را خورد و رفت! و از این موضوع نتیجه می‌گیرد که «شریک‌ها بد هستند» و نباید با کسی شریک شد. این در صورتی است که این دوست من همیشه این موضوع را فراموش می‌کند که خودش نیز نقشی در تعیین سرنوشتش و نحوه برخورد دیگران با او دارد. شاید جالب باشد بدانید که این دوست من:

۱. بدون هیچ قراردادی شراکت را شروع کرده بود!

۲. هرگاه شریکش از او خواسته سهم سود مشخص شود، طفره رفته است.

۳. هر دو بار نسبت به شرکایش در دادگاه شکایت کرده و هر دو بار به پرداخت جریمه محکوم شده و خودش مقصر شناخته شده است!

حالا به نظر شما آیا این دوست من واقعاً سهمی در بروز این مشکلات نداشته است؟ متأسفانه قبول مسئولیت اهمال‌کاری معمولاً کار ساده‌ای نیست و ما تمام تلاش خود را بر این می‌گذاریم که تا حدّ ممکن از آن شانه خالی کنیم. برای مثال، فکر می‌کنم عبارات زیر نمونه‌های بارزی برای شانه خالی کردن از بار مسئولیت تغییر باشند.

۱. ما کلاً خانوادگی این طوری تربیت شده‌ایم.

۲. مامان و بابای ما، ما را اهمال‌کار بار آوردند.

۳. ما کلاً ژنتیکی این طوری هستیم، خانوادگی...

ممکن است شرایط این طور بوده باشد، اما از الان به بعد سکان زندگی ما در دستان خودمان است و ما تصمیم می‌گیریم که آن تربیت غلط را ادامه دهیم یا نه! مثال دیگری که بارها از آن در این کتاب استفاده کرده‌ام این است که عده‌ای مشکلات مالی، افسردگی، بی‌سوادی و ... را تقصیر جامعه، شرایط اقتصادی و ... می‌اندازند.

دوستی داشتم که همواره اخم می‌کرد و تا حدّ ممکن از شادی و خوشحالی به دور بود! زمانی که از او می‌پرسیدم: چرا ناراحتی؟ می‌گفت: مگه توی این جامعه افسرده می‌شه افسرده نبود؟!

در حقیقت این دوست من فراموش کرده بود که خود نیز در تعیین رفتارها و شرایطش سهمی دارد و می‌تواند بسیاری از چیزها را تغییر دهد.

ماهی مرده نیز می‌تواند در جهت حرکت آب رودخانه شنا کند.

یه روز خوب میاد .....

از دیگر اعتقادات کشـنده در اهمال‌کاری این است که ما تصوّر می‌کنیم یک روز خوبـی خواهد آمـد و در آن روز اتفاق خاصی رخ می‌دهد و ما حوصله انجام کارها را خواهیم داشت و ... اما متأسفانه باید گفت که آن روز خاص هیچ گاه نخواهد آمد!

بهترین لحظه، همین الان و بهترین اتفاق، خود شما هستید. پس دنبال هیچ معجزه‌ای نباشید.

مثل افرادی نباشید که می‌گویند:

- تا این طوری نشود من کاری نمی‌کنم...
- حالا بگذار مذاکرات کشورهای ۱+۵ به نتیجه برسد!
- حالا بگذار ببینم مدیر شرکت کی انتخاب می‌شود و ...

این شـرط‌هایی که می‌گذاریم، معمولاً بهانه‌هایی هستند که فقط باعث می‌شوند کاری را که باید انجام دهیم، به تعویق بیندازیم.

همه ما صحنه‌های شکار گورخر توسط شیر را دیده‌ایم. گفته می‌شود که سرعت گورخر ۸۸ کیومتر بر ساعت است و سرعت شیر ۸۱ کیلومتر بر ساعت، اما همیشه شیر به گورخر می‌رسد! چرا؟ چون گورخر دائماً برمی‌گردد و پشت سرش را نگاه می‌کند که ببیند شـیر کجاست و چون همش حواسش به چیزهای دیگری غیر از سریع رفتن است، شیر او را می‌گیرد.

پس ما هم باید یاد بگیریم که دنبال شرایط دیگر نباشیم.

تا از آن لذت نبرم، انجامش نمی‌دهم

تصور کشـنده دیگر این اسـت که ما بگوییم کاری را که از آن لذت نمی‌برم، انجام نمی‌دهم. این موضوع فوق‌العاده خنده‌دار است!

اصـلاً فرق آدم موفق و غیرموفق- که در تحقیق مربوط به مارشـملو در ابتدای کتاب گفتیم- دقیقاً همین است که یک انسان موفق کارهایی را انجام می‌دهد که دیگران حاضر نیسـتند انجام بدهند. وگرنه کارهایی را که دوست داشتنی هستند، همه انجام خواهند داد.

مـا در سراسـر این کتـاب در مورد ایده‌هـای مربوط به چگونگـی انجام دادن

کارهایی که انجام دادن آنها برایمان دشوار است، صحبت کردیم و در اینجا تنها یک ایده برای این کار ارائه می‌شود.

یکی از لذت‌بخش‌ترین ایده‌ها این است که به این فکر کنیم بسیاری از مردم این کار را انجام نمی‌دهند، اما من از معدود کسانی هستم که این کار را انجام می‌دهم و همین باعث تمایز من شده است. دقیقاً این کار سخت است و می‌دانم که سخت است! همین کار است که باعث تمایز من از دیگران می‌شود!

زمانی که ببینیم هیچ کدام از همکارانمان، هم‌صنف‌هایمان، شرکت‌های رقیبمان و اکثر انسان‌های دیگر حاضر نیستند این کار سخت را انجام دهند و من این کار را انجام می‌دهم، پس نتیجه‌اش را می‌گیرم.

☞ من نباید هیچ وقت اهمال‌کاری کنم

از دیگر تصورات بسیار اشتباه در مقوله اهمال‌کاری این است که تصوّر داشته باشیم که نباید هیچ‌گاه اهمال‌کاری کنیم.

به جرأت می‌توان گفت که امکان ندارد فردی در تمام طول زندگی خود اهمال‌کاری نکند. مثل این می‌ماند که توقع داشته باشیم فردی در تمام طول زندگی خود هیچ اشتباهی مرتکب نشود! عملاً چنین چیزی امکان ندارد. اهمال‌کاری نیز دقیقاً به همین صورت است و اگر ما از خود توقع داشته باشیم که هیچ‌گاه نباید اهمال‌کاری کنیم، به دلیل همین توقع اشتباه، شرایط را برای اهمال‌کاری‌های بیشتر فراهم کرده‌ایم.

در حقیقت ما باید زمان‌های استراحت درستی برای خودمان در نظر بگیریم و در صورتی که احساس کردیم به دلیل کار زیاد و منظم نیاز به استراحت داریم، تصمیم بگیریم برای مدتی مشخص از انجام منظم کارها دست بکشیم و کمی استراحت کنیم.

بنابراین اگر تلاش کنیم هیچ گاه دچار اهمال‌کاری نشویم و برای خودمان هیچ استراحت یا فاصله‌ای در نظر نگیریم، به جرأت می‌توان گفت که در مدت زمان کوتاهی تمام توان خود را از دست خواهیم داد و توان ادامه را نخواهیم داشت.

☞ بدگویی به خود

یکی از دلایل مهم اهمال‌کاری و نرسیدن به اهداف، مدل گفتگوی خودمان با خودمان است. قطعاً متوجه شده‌اید که ما دائماً در حال صحبت کردن با خودمان

هستیم و احتمالاً همین الان شما در حال صحبت با خود هستید!
اما گاهی اوقات ما در حال صحبت با خودمان هستیم آن هم با جملات منفی!

جملاتی مثل: من تنبلم، من بی‌ارزشم، من تغییر نمی‌کنم، اصلاً هر
چی تلاش می‌کنم نمی‌تونم، اصلاً از خودم بدم میاد، هر چی جون می‌کنم به
جایی نمیرسم و ... هیچ تأثیری جز تخریب شخصیتمان نخواهند داشت.

زمانــی که ما چنین گفتگوهایی با خودمــان داریم، باید بدانیم که مغز ما- یا به
طور دقیق‌تر ضمیر ناخودآگاه ما- تمام تلاشــش بر این اســت که این گفتگوها را
اثبات کند! بنابراین اگر می‌گوییم که من به هیچ جایی نمی‌رســم، فعالیت مغز در
این جهت است که ما به هیچ جایی نرسیم!
کار بسیار مهمی که باید انجام دهیم این است که تا حدّ ممکن این دیالوگ‌ها و
گفتگوهای درونی را حذف کنیم و جملات مثبت را جایگزین آنها نماییم.
باید یاد بگیریم که چگونه به ضمیر ناخودآگاه خود تلقین مثبت کرده و بارها و
بارها عبارات تأکیدی را تکرار کنیم. حتی می‌توانیم چنین جمله‌هایی را بنویسیم و
در جایی قرار دهیم که در دسترس ما باشد.

اقدامک:

یــک کِش پول در مچ خود بیاندازیــد و هر زمان که گفتگویی
منفی با خود انجام دادید، آن کش را بکشــید تا با درد آن، ذهن
شما تنبیه شود. با این کار دیگر این موضوع تکرار نخواهد شد.

در گفتگو با خودمان، باید توجه کنیم که عباراتی را به کار نبریم که سطح انرژی ما را پایین بیاورد. عباراتی همچون «من خسته شدم»، هیچ کمکی به ما نمی‌کند و می‌توانیم به جای آن بگوییم: «من نیاز به کمی‌استراحت دارم.»

مدل گفتگوی ذهنی دیگری وجود دارد که کمی پیچیده است و در آن می‌گوییم: می‌دانم که ...... ولی شــرایط من .... اســت! برای مثـال می‌گوییم می‌دانم که باید وب‌ســایت را فعال کنم و فروش اینترنتی هم داشته باشم، ولی توی ایران اینترنت مشکل دارد و جواب نمی‌دهد.

در حقیقـت مـا با گفتن این «ولـی» و «اما» بهانه‌ای برای عــدم انجام کار خود می‌آوریم. اگر می‌خواهیم نتیجه بگیریم، به جای «ولی» و «اما» باید از «و» استفاده کنیم. بنابراین گفتگوی ذهنی با خود، به این صورت تغییر شکل می‌دهد:

می‌دانم که باید یک وب‌سایت داشته باشم «و» شرایط اینترنت در ایران خیلی مناسب نیست، «پس» باید راهکار جایگزین انتخاب کنم.

اقدامك:

لطفـاً هر گفتگویی که امروز با خودتان دارید- یا داشــتید- را یادداشت کنید.

ببینید که این گفتگو در کجا مشکل دارد؟

با یك بار هیچ چیزی نمی‌شود

گاهی اوقات ما با عباراتی همچون، «حالا یک بار این کار را نکنیم هیچی نمی‌شود» رفتارمان را توجیه می‌کنیم! احتمالاً بارها این جمله‌ها را به خود گفته‌ایم که یک بار مسواک نزنم چیزی نمی‌شود!

اما واقعیت این است که زندگی ما از لحظه لحظه تشکیل شده و تک تک تصمیمات کوچک ما هستند که شخصیت ما را می‌سازند. دارن هاردی در کتاب «اثر مرکب» بر این موضوع تأکید دارد که ما نباید رفتارهای کوچکمان را دست‌کم بگیریم. زیرا اتفاقاً آنها هستند که شخصیت ما را تشکیل می‌دهند. از همین رو، باید با خود عهد ببندیم تا حدّ ممکن از بهانه‌هایی همچون «حالا این یک دفعه چیزی نیست» برحذر باشیم.

شاید از این صحبت متعجب شده باشید که این موضوع دقیقاً برخلاف چند بخش قبلی با عنوان «من هیچوقت اهمال‌کاری نمی‌کنم» است. اما باید توجه کنید که این دو موضوع با یکدیگر اشتباه نشود. اما ضمناً قرار هم نیست هر زمان که حوصله نداشتیم، از انجام کاری که باید بکنیم طفره برویم. از یک سو نمی‌توان انتظار داشت که هیچ وقت و در هیچ کاری اهمال کاری نکنیم. از سوی دیگر می‌توانیم خودمان را به انجام کارهای کوچک و تغییرات کوچک و در عین حال مهم عادت دهیم.

با انجام همین کارهای کوچک (که دیگران از آن طفره می‌روند)، می‌توانیم تمایز قابل توجهی کسب کنیم.

امروز کارهایی را می‌کنم که دیگران حاضر به انجامش نیستند، تا فردا بتوانم کارهایی را بکنم که دیگران قادر به انجامش نیستند.

☞ **افزایش بازدهی و عملکرد**

به نظر می‌رسد که همه ما در طول روز بین ۹/۵ تا ۱۱ ساعت وقت برای زندگی داریم و بقیه آن صرف اجرای فعالیت‌های دیگری می‌شود. (شامل خواب روزانه، خورد و خوراک و استحمام و نظافت شخصی و ...)

همه ما درست مانند سایر انسان‌ها وقت محدودی (در حدود ۱۰ ساعت) داریم و با فعالیت‌هایی همچون مدیریت زمان و ... خیلی نمی‌توان این زمان را افزایش داد. از همین رو علمی به نام افزایش راندمان یا عملکرد به وجود آمد که به ما آموزش دهد چطور می‌توان در مدت یکسانی، فعالیت‌های چند برابری را انجام داد.

افزایش عملکرد و بازدهی در جنبه‌های مختلفی راهکار ارائه می‌کند که عبارتند از:

۱. جنبه فیزیکی
۲. جنبه فکری – ذهنی
۳. جنبه احساسی و روحیه

در ادامه، راهکارهایی کاربردی برای افزایش عملکرد ارائه شده است که امید می‌رود با رعایت آنها، بازدهی شما حداقل تا ۵ برابر بیشتر شود.

☞ **جنبه فیزیکی**

اکثر ما در طول زندگی، در حال عبور از مسیر خاکستری هستیم و نه تماماً خودمان را با کاری درگیر می‌کنیم و نه کاملاً از آن جدا می‌شویم.

برای مثال، اکثر کسانی که کارهای دفتری دارند، وقتی به محل کار می‌رسند و می‌خواهند کار را شروع کنند، در ابتدا چند دقیقه‌ای با همکاران صحبت می‌کنند و موضوعات داغ دیروز را مرور می‌نمایند. بعد شروع به انجام کار می‌کنند و پس از ۱۰ دقیقه تصمیم می‌گیرند که ایمیل‌هایشان را چک کنند. بعد از آن دوباره کمی کار می‌کنند تا اینکه موبایل آنها زنگ می‌خورد و ۵ دقیقه با یک دوست صحبت می‌کنند و بعد از آن دوباره مشغول کار می‌شوند. تا اینکه صدای تلگرام موبایلشان

در می‌آید و پس از خواندن آخرین لطیفه، مشغول کار می‌شوند و ...

همان‌طور که می‌بینید مـا معمولاً روی هیچ کاری متمرکز نمی‌شـویم و فقط در حال پریدن از این شاخه به آن شاخه هستیم و همین موضوع بازدهی ما را تا حدّی باورنکردنی کم می‌کند. زیرا مغز ما مدت زمانی که برای تمرکز کردن روی کاری نیاز دارد، ۲۰ دقیقه اسـت و تازه بعد از آن، تمرکز ما بسـیار زیاد می‌شـود، اما ما معمولاً بیش از چند دقیقه به صورت کامل درگیر کاری نمی‌شویم.

بنابراین، به عنوان اولین کار باید بازه‌های فعالیت‌هایمان را روی ۹۰ دقیقه تنظیم کنیم ۹۰ دقیقه کار پر فشار و بعد ۳۰-۱۵ دقیقه استراحت.

اقدامك:

همین الان که مشغول خواندن این کتاب هستید، تصمیم بگیرید که برای مدت ۹۰ دقیقه (یا کمی کمتر) فقط روی کتاب متمرکز شوید و هیچ کار دیگری انجام ندهید. از اطرافیانتان نیز بخواهید کــه در این مدت با شـما کاری نداشـته باشـند. در این صورت خواهیـد دید که چقدر سـریع‌تر در خوانـدن و درک این کتاب پیش می‌روید ...

در حقیقت اکثر ما در حیطه خاکسـتری هستیم که این موضوع، بازدهی ما را به طرز وحشتناکی پایین می‌آورد.

بـه لحاظ فیزیکی راهکارهـا و نکات دیگـری نیز وجـود دارد از جمله: توجه به تغذیه صحیح، تنفس اصولی، خواب درست و کافی، همکاری با سیستم هضم غذا و ... که پیشنهاد می‌کنیم حتماً در این مورد نکاتی را یاد بگیرید.

☞ جنبه فکری - ذهنی

مورد بعدی که لازم است در مورد آن اطلاعاتی داشته باشیم، جنبه فکری و ذهنی ماست. همان طور که جسم ما نیاز به استراحت دارد، لازم است که ذهن ما نیز زمان‌هایی در حال استراحت باشد.

در حقیقت مشکل بزرگی که اکثر ما با آن درگیر هستیم، این است که در بسیاری از اوقات به صورت فیزیکی از فعالیتمان جدا می‌شویم، اما هنوز درگیری ذهنی با آن داریم!

چند نکته بسیار مهم در مورد جنبه فکری- ذهنی مغز ما این است که تا حدّ ممکن باید از انباشت اطلاعات کم‌مصرف در آن خودداری کنیم و تا حدّ ممکن اطلاعات را بر روی کاغذ مکتوب کنیم و اجازه ندهیم که کارهای مختلف، ذهن ما را درگیر کنند.

☞ جنبه احساسی و روحیه

یکی دیگر از نکاتی که در رابطه با مدیریت عملکرد انرژی باید مدنظر داشت، این است که به جنبه احساسات و روحیه خود نیز توجهی داشته باشیم.

کارهای کوچکی وجود دارند که ما با توجه به آنها می‌توانیم احساس و روحیه بهتری داشته باشیم. برای مثال من در کنار لپ‌تاپ خود همیشه یک برچسب لبخند (☺) چسبانده‌ام و معمولاً با دیدن آن شاد می‌شوم.

یکی از بهترین کارهایی که برای توجه به احساس و روحیه خود باید انجام دهیم، انجام فعالیت‌هایی است که مورد علاقه و لذت‌بخش است.

برای مثال، این کار می‌تواند مراقبت از یک گلدان، نگهداری از آکواریوم، بازی‌های گروهی (مثلاً پانتومیم با اعضای خانواده)، گوش دادن به موسیقی مثبت و مورد علاقه، صرف چای با همکاران، قدم زدن در پارک و ... باشد.

☞ مهارت مدیریت زمان و برنامه ریزی

همیشه در مورد مباحث مربوط به مدیریت زمان مطالبی را خوانده‌ایم. همگان نیز از اهمیت مدیریت زمان سخن گفته‌اند. اما معمولاً ما در انجام صحیح و اصولی فعالیت‌هایمان و مدیریت زمان و برنامه‌ریزی مناسب دچار مشکل هستیم. به همین دلیل در اینجا راهکارهایی کاملاً کاربردی برای مدیریت زمان و برنامه‌ریزی روزانه و هفتگی برای شما ارائه خواهم کرد.

☞ **قورباغه زشت را حتماً باید اول بخوریم؟**

گفتنی است که اکثر مطالب این بخش، از کتاب Eat that Frog نوشـته برایان تریسـی انتخاب شده است. این کتاب را می‌توانید با نام «قورباغه را قورت بده» در تمام کتاب‌فروشی‌های کشور پیدا کنید.

تقریباً مطمئنم که هر کسی نام این کتاب را شنیده، یا در کتابخانه‌اش دارد و یا حتی آن را خوانده اسـت. اما مطمئنم که کمتر کسـی آن را اجرا کرده است! زیرا اگر کسی واقعاً مباحث مربوط به مدیریت زمان را به درستی اجرا کند، در زندگی و کسب و کارش تغییرات فوق‌العاده‌ای رخ خواهد داد.

برایان تریسی در این کتاب به یک اصل اشاره می‌کند و می‌گوید:

📌 اگر شما قرار است در روز یك قورباغه را قورت بدهید،
باید اول صبح به عنوان اولین کار آن را انجام دهید
تا بقیه روز خیال‌تان راحت باشد. یعنی در برنامه روزانه،
اولین کاری که انجام می‌دهید، باید کاری باشد که دشوارترین است.

برایان تریسـی در ادامه می‌گوید که وقتی این کار را انجام بدهید، اندورفین در خون شما ترشح می‌شود و حسّ خیلی خوبی به شما داده می‌شود و از بقیه روز لذت بسیار زیادی خواهید برد.

برای مثال من برای امروز باید چهار کار انجام دهم:

۱. نوشتن همین کتاب
۲. بردن لپ‌تاپ همسرم به گارانتی (و احتمالاً یک دعوای درست و حسابی!)
۳. تأیید طراحی جلد محصولات
۴. بستن قرارداد همکاری با شرکت ایکس

خب اگر لازم باشد که بهترین تصمیم گرفته شود، باید مشخص شود که قورباغه زشت و دوست‌نداشتنی امروز من کدام است. شاید برایتان جالب باشد اگر بدانید که شـماره ۳، یعنی طراحی جلد محصولات، این کار اسـت. یعنی اگر من بخواهم درسـت عمل کنم، در ابتدای روزم باید طراحی جلد محصولات را بررسی و نتیجه را به مسئول طراحی اعلام کنم.

نکته بسیار مهم این است که اگر خیلی اهمال‌کار هستیم، شاید نتوانیم به سادگی به سراغ کارهای سخت برویم و شاید لازم باشد که از کارهای کوچک و یا نکات

کمی ساده‌تر شروع کنیم و به مرور خوردن قورباغه‌های زشت‌تر و بزرگ‌تر را یاد بگیریم.

یعنی مثلاً کمی به سراغ طراحی‌ها بروم و بعد از اینکه خسته شدم، به کار مورد علاقه‌ام در روز بپردازم و بعد دوباره این کار را شروع کنم.

اولویت‌بندی کنیم

مورد بعدی، بحث اولویت‌بندی و برنامه‌ریزی است. همه ما به عنوان انسان‌های موفق باید لیست روزانه، ماهانه، سالانه و چند ساله داشته باشیم. یعنی من یک لیست داشته باشم که بگوید من امروز باید این چند کار را انجام بدهم.

خیلی جالب است بدانید که اگر شما ۱۰ ٪ از زمان تان را برای برنامه‌ریزی کاری اختصاص بدهید، ۹۰ ٪ بازدهی‌تان بالا می‌رود.

یعنی شما ۱۰ ٪ تبر خود را تیز می‌کنید و ۹۰ ٪ بازدهی شما زیاد می‌شود و این واقعاً فوق‌العاده است!

بلای چند وظیفه‌ای

نکته بعدی در بحث مدیریت زمان این است که تا حدّ ممکن کار همزمان انتخاب نکنیم. کار همزمان یعنی مثلاً این پروژه را برمی‌دارم و بعد هم یک پروژه دیگر و چون تمرکزم به هم می‌ریزد، بازدهی‌ام به شدت پایین می‌آید.

بنابراین، باید سعی کنیم همواره روی یک کار متمرکز شویم. بهترین کار، اولویت‌بندی به روش ABCDE است.

این مکانیزم توسط برایان تریسی ارائه شده که: A کارهایی هستند که باید انجام شوند و بزرگ هستند. اولین کاری است که باید انجام دهیم، و قبل از کار اول هیچ کاری را انجام ندهیم.

پس از کارهای سطح A، نوبت می‌رسد به کارهای سطح B. این کارها، کارهایی هستند که مهم‌اند، اما نه به اندازه کارهای سطح A . سطح بعدی که سطح C است مربوط می‌شود به کارهایی که خیلی خوب می‌شود، اگر انجام‌شان دهیم. پس از آن نیز کارهای D قرار دارند که تا حدّ ممکن باید آنها را واگذار کنیم.

و در انتها، کارهایی باقی می‌مانند که باید آنها را حذف کنیم و بهتر است اصلاً انجام‌شان ندهیم که این کارها سطح E خواهند بود.

پس لطفاً از همین امروز، هر روز صبح یا بهتر است هر شب، لیست کارهای

فردایتان را براساس این روش بنویسید و مرتب کنید و به ترتیب وقتی آنها را انجام دادید، خطشان بزنید.

محاسبه ارزش ساعتی خود

همه ما شنیده‌ایم که وقت طلاست و البته تقریباً همه ما به آن عمل نمی‌کنیم. زیرا به یک دوست اجازه می‌دهیم وقت ما را بدزدد، اما خیلی راحت اجازه نمی‌دهیم سکه طلای ۲۰۰ هزار تومانی را از ما بدزدد.

شاید یکی از بهترین کارهای ممکن برای بیان ارزش کارمان این باشد که ارزش ساعتی خود را محاسبه کنیم. برای این محاسبه لازم است که درآمد ماهانه خودتان را تقسیم بر ۹۶ بکنید.

مثلاً اگر شما حدود ۹۶۰ هزار تومان حقوق بگیرید، ارزش ساعتی کار شما ۱۰ هزار تومان خواهد بود و این یعنی هر یک ساعت شما ده هزار تومان ارزش دارد.

بنابراین اگر یک ساعت از وقت‌تان را صرف کار بی‌ارزشی کنید، ۱۰ هزار تومان از دست می‌دهید و این تازه برای فردی است که فقط و فقط ۹۶۰ هزار تومان حقوق می‌گیرد. فرض کنید فردی که در ماه نه میلیون و ششصد هزار تومان درآمد دارد، ارزش ساعتی کارش ۱۰۰ هزار تومان است. او باید بداند که هر کاری که در یک ساعت می‌کند، باید حداقل ۱۰۰ هزار تومان ارزش داشته باشد. آن کسی که مثلاً یک ساعتش پانصد هزار تومان ارزش دارد، دیگر حتی ۵ دقیقه هم برایش خیلی خیلی مهم خواهد بود.

پس وقتی ارزش ساعت روزانه خود را بدانید، خیلی خوب از آن استفاده خواهید کرد. اما ممکن است بگویید من که هنوز کار ندارم، هنوز دانشجو هستم و ...

در این صورت باید فرض کنید که درآمد مدّنظر شما چقدر است. مثلاً خواهید گفت ۴-۳ میلیون تومان درآمد خواهید داشت و آن موقع ببینید که هر یک ساعت شما چقدر ارزش دارد.

استفاده از زمان‌های مرده

تقریباً همیشه همه می‌گویند که وقت ندارند، اما من به سادگی به شما اثبات می‌کنم که این موضوع صحت ندارد و این جمله فقط و فقط بهانه‌ای است برای انجام ندادن کارهای مهم.

اکثر ما زمان‌های بسیار زیادی را در ترافیک، هنگام تردد و ... می‌گذرانیم

که می‌توانیم از آنها به بهترین نحو استفاده کنیم. برای مثال، تمام این کتاب در سفرهای هفتگی من از تهران به بندرعباس و اهواز در هواپیما نوشته شده است! این در حالی است که اکثر افراد در تمام پروازها در حال گوش دادن به موسیقی و یا نگاه کردن به در و دیوار هواپیما یا مهمانداران هستند! (و یا خواندن صفحه حوادث روزنامه‌ها!)

درحالی‌که از این زمان می‌توان به بهترین نحوه استفاده کرد و کارهای بسیار بزرگی انجام داد.

ممکن است بگویید که این شرایط خاص است و هر کسی در هفته سه یا چهار پرواز ندارد که بتواند از آن استفاده کند. اما باید بگویم که فضای بسیار بزرگتری وجود دارد که اکثر ما از آن به بدترین نحو استفاده می‌کنیم. تقریباً همه ما در طول روز حداقل بیش از ۱ ساعت در حال رفت و آمد هستیم و در این زمان می‌توانیم فایل‌های صوتی گوش دهیم، زبان انگلیسی یاد بگیریم و ...

۱ ساعت در روز می‌شود ۳۶۵ ساعت در سال و این زمان کافیست که در یک موضوع متخصص شویم، مثلاً زبان انگلیسی را تا حدّ قابل قبولی یاد بگیریم و ...

همچنین برای استفاده بهینه از زمان رفت و آمد، می‌توان راهکارهای دیگری را نیز مطرح کرد. مثلاً من برخی از جلسات مشاوره‌ام را در خودرو برگزار می‌کنم. به این صورت که فردی که نیاز به مشاوره دارد، به دنبال من می‌آید و در مسیر با من در مورد موضوع مورد بحث خود صحبت می‌کند.

☞ ارزش کار کوچک

نکته بسیار مهمی که اکثر ما آن را فراموش می‌کنیم، این است که ما معمولاً این را در نظر نمی‌گیریم که:

📌 کارهای کوچک و کم ارزش دقیقاً همان اندازه وقت می‌گیرند که کارهای مهم وقت می‌گیرند!

و این هنر ماست که از وقت خودمان به بهترین نحوه استفاده کنیم. اجازه بدهید این موضوع را با یک داستان بسیار جالب برای شما شرح دهم.

من دوستی داشتم که در زمینه فعالیت من کار می‌کرد و این دوست با اینکه زمان بسیار کمی را برای کار اختصاص می‌داد و در کار کردن بسیار تنبل بود، اما

در عین حال همیشه از من جلوتر بود!

زمانی که من تصمیم گرفتم این موضوع را بررسی کنم. متوجه شدم که دوست من در روز سه ساعت کار می‌کند و من روزی ۱۲ ساعت، اما او در بسیاری از موارد از من جلوتر بود. با بررسی شرایط متوجه شدم که او در سه ساعت کار خود دو ساعت را به انجام کارهای بسیار بزرگ و مهم اختصاص می‌دهد و من از ۱۲ ساعتم یک ساعت را به انجام این کارها اختصاص می‌دادم! بنابراین، او در روز، یک ساعت از من جلوتر بود، زیرا کارهای کوچک نتیجه چندانی در رشد کسب و کار من نداشتند! جالب است بدانید که با دانستن این موضوع و دادن نقش بزرگتری در برنامه روزانه به فعالیت‌های مهم‌تر توانستم سرعت رشد کسب و کارم را چند برابر کنم. امیدوارم شما نیز به فکر این موضوع باشید که چطور می‌توانید این کار را برای زندگی و کسب و کار خود انجام دهید.

محاسبه زمان مستقیم و غیر مستقیم

موضوع بسیار مهمی که اکثر ما از آن غافل هستیم، این است که انجام هر کاری یک زمان مستقیم و یک زمان غیر مستقیم دارد. برای مثال، وقتی شما در حال صحبت کردن با تلفن هستید، ممکن است این مکالمه ۲ تا ۵ دقیقه از شما وقت مستقیم بگیرد. اما حقیقت این است که باید در نظر داشته باشیم که این مکالمه دو دقیقه‌ای ممکن است ۲ ساعت درگیری ذهنی برای ما ایجاد کند. بنابراین، چنین موضوعاتی را نباید خیلی ساده حساب کنیم و در نظر داشته باشیم که هرکدام چقدر وقت مستقیم و چقدر وقت غیر مستقیم از ما خواهند گرفت.

شاید برای همین است که من قابلیت پشت خطی و به صورت کلی هر امکانی را که باعث شود تماس‌های تلفنی من بیشتر شوند، تا حدّ ممکن محدود کرده‌ام.

ارتباط مؤثر

یکی دیگر از ابزارهایی که در جعبه ابزارمان به عنوان یک آدم موفق باید داشته باشیم، بحث ارتباط مؤثر است. خیلی از مشکلات اهمال‌کاری ما به همین ارتباط مؤثر برمی‌گردد. برای مثال، چند مهارت بسیار ضروری که اکثر ما در مورد آن چیز زیادی نمی‌دانیم و همین عوامل باعث اتلاف وقت می‌شوند، به شرح زیر هستند:

۱. مهارت نه گفتن

۲. کنترل احساسات و مدیریت خشم

۳. مدیریت انتقادات و جلوگیری از جر و بحث
۴. نحوه درخواست کردن از دیگران

مهارت نه گفتن

همان طور که در کتاب «انسان ۲۰۲۰» در مورد این ویژگی از انسان‌ها صحبت کردیم، اکثر ما از این می‌ترسیم که به درخواست دیگران پاسخ منفی بدهیم و اصلی‌ترین دلیل آن این است که نمی‌دانیم به چه صورت به درخواست یک نفر نه بگوییم!

به مثال‌های زیر توجه کنید:

- می‌توانم خواهش بکنم ۱۰ دقیقه برای من یک کاری انجام بدی؟!
- ممکنه تا سر ماه به من ۲۰۰ هزار تومان پول قرض بدی؟
- میشه ماشینتو امشب به من قرض بدی؟
- زنگ زدم حالت رو بپرسم وقت داری؟
- میای با هم بریم بیرون؟
- و...

متأسفانه ما دائماً می‌گوییم بله بله بله بله و معمولاً هیچ وقت نمی‌توانیم مؤدبانه و محترمانه بگوییم «نه»!

بنابراین، کار زیادی روی سرمان می‌ریزد و وقت زیادی از ما گرفته می‌شود. از همه بدتر اعصابمان خرد می‌شود.

در مورد مهارت نه گفتن، گفتگوی زنده در شبکه دو تلویزیون داشته‌ام که شما می‌توانید فیلم آن را در صفحه زیر مشاهده کنید:

www.bah.red/sayno

اما مسئله‌ای که در مورد نه گفتن وجود دارد و در مقاله سایت مطرح نشده این است که گاهی اوقات ما بله می‌گوییم اما به دلیل نگرانی، اعصاب و روحیه خود را از دست می‌دهیم که این نیز یک اشتباه است.

برای مثال، باید بگویم که یک ماه پیش یکی از دوستان عزیزم برای هزینه زایمان همسر یکی از نزدیکانش، حدود ۵ میلیون تومان پول درخواست کرد و گفت که پدر نوزاد حساب بانکی‌اش مسدود شده وگرنه پول داشته و قول داد که ظرف چند روز پول را باز گرداند...

من پدر نوزاد را فقط یک بار دیده بودم، اما این دوست را به خوبی می‌شناختم و با او ارتباط بسیار خوبی داشتم. وقتی که این درخواست از من انجام شد به او بله گفتم. (در صورتی که اگر مبلغ بالا بود و یا این فرد برایم این قدر اعتبار نداشت قطعاً از هنر نه گفتن استفاده می‌کردم.)

از آنجایی که پدر نوزاد را نمی‌شناختم، کار بسیار هوشمندانه‌ای که انجام دادم و فرض کردم که من این پول را اصلاً قرض ندادم و این هدیه تولد او بوده و فرضم را بر این گذاشتم که این پول اصلاً قرار نیست برگردد!

با همین کار ساده، من ذهن خودم را از هرگونه درگیری و نگرانی رهایی بخشیدم. بعدها آن دوست عزیز که واسط این کار بود گفت که هر چه تلاش کرده، نتوانسته پول را پس بگیرد و حسابی ناراحت بود. اما حقیقت این بود که من اصلاً توقعی نداشتم و بنابراین اصلاً ناراحت نبودم.

حال فرض کنیم من این مبلغ را به کسی قرض داده بودم و توقع داشتم که به من برگرداند و او نیز این کار را نمی‌کرد. در این شرایط من چه حالی می‌داشتم؟

بنابراین اصلی که من دارم این است که:

اگر به درخواست کسی پاسخ مثبت می‌دهیم، باید فرض کنیم که او به قول خود وفا نخواهد کرد. آیا در این صورت بازهم حاضر هستیم به این درخواست پاسخ مثبت بدهیم؟ اگر پاسخ بله است، باید درخواست را بپذیریم و اگر پاسخ منفی است، شاید لازم باشد از مهارت نه گفتن استفاده کنیم.

کنترل احساسات و مدیریت خشم

فرض کنید در محل کارتان هستید و همه چیز بر وفق مراد است و شما تصمیم گرفته‌اید که وقتی به منزل رسیدید کارهای عقب افتاده خود را- که خیلی هم به آن تمایل ندارید- انجام دهید. اما یک مشتری یا مُراجع بداخلاق، ناگهان به اتاق شما وارد می‌شود و با واژه‌های رکیکی از شما پذیرایی می‌کند! آیا در این صورت شـما دیگر حوصله و اعصاب انجام کارهای دوست‌نداشتنی را دارید؟ پاسخ بدون شک منفی است.

گاهی اوقات یک درگیری لفظی با راننده یک اتومبیل نیز می‌تواند باعث شـود ما به دلیل غلبه احساسـات بر ذهنمان، اهمال‌کاری کنیم. به همین جهت باید یاد بگیریـم که به چه صورت احساسـات و وحشـت‌مان را کنترل کنیـم. چون وقتی خشـمگین شـویم و احساسـات بر ما غلبه کند، احتمال اهمال‌کاری ما به شـدت افزایش پیدا می‌کند.

در همین راسـتا حتماً توصیه می‌کنم کتاب «مدیریت خشم به زبان آدمیزاد» را مطالعه فرمایید.

مدیریت انتقادات و جلوگیری از جر و بحث

یکی از مشـکلات جدی که در فرهنگ ما وجـود دارد و ما معمولاً انرژی، وقت و اعصـاب بیش از حدّی برای این مقوله خرج می‌کنیم، بحث انتقاد کردن و انتقاد شنیدن است.

شـاید یکی از بهترین دیدگاه‌ها در مورد بحث انتقاد، شعری از مولوی باشد که برای شخص من فوق‌العاده زیبا جلوه کرد:

گر شوم مشغول اشکال و جواب　　تشنگان را کی توانم داد آب

معمولاً ما به دلیل نداشتن مهارت انتقاد کردن، باعث ناراحتی دیگران می‌شویم و در زمانی که قصد داریم با بیان انتقاد از فرد، وضعیت او را بهبود ببخشیم، کاملا برعکـس عمـل می‌کنیم و او را خشـمگین می‌کنیم و مجبور می‌شـویم که با فرد مجادله کنیم. از آن طرف، زمانی‌که به ما انتقاد می‌شود- چه انتقاد وارد باشد و چه ناوارد- به جای شـنیدن این موضوع، وارد بحث می‌شویم و معمولاً این را فراموش می‌کنیـم که وظیفه ما متقاعد کردن دیگران نیسـت و وظیفه ما درسـت زندگی کردن است.

این دیدگاه اشتباهی که بیشتر ما داریم و تصوّر می‌کنیم که باید همه را متقاعد

کنیم، یکی از بزرگ‌ترین سارقان زمان و انرژی ماست. برای مثال، در همین هفته گذشته در بین ۵۰۰ تا ۷۰۰ ایمیلی که دریافت کردم، چهار نفر در مورد وضعیت تأهل من نظر دادند!

۳ نفر گفتند که آفرین به من که خانواده‌دار هستم و در سخنرانی‌ها معمولاً از همسرم دعوت می‌کنم و کتاب‌هایم را به او تقدیم می‌کنم و ...

و یک نفر گفته بود لازم نیست در سخنرانی این قدر به این موضوع اشاره کنم که متأهل هستم! (در حالی که من تنها چند مورد از خاطرات و اتفاقات مرتبط با موضوع سخنرانی را از زندگی با همسرم مثال زدم و این فرد چنین نظری داده!)

همان طور که می‌بینید دیگران تا می‌توانند در مورد همه چیز دخالت می‌کنند و وظیفه ما متقاعد کردن آنها نیست. زیرا اگر امکان داشت متقاعد شوند، قطعاً کارهای مهم‌تری، جز دخالت در کار ما داشتند.

پیشنهاد می‌کنم حتماً فایل صوتی نحوه انتقاد کردن را از وب‌سایت من دانلود و گوش کنید

www.bah.red/enteghad

اگر بخواهم نکته مهمی در مورد انتقاد مطرح کنم، بدون هیچ تردیدی این است که به تجربه بارها و بارها دیده‌ام که معمولاً انتقاد کردن کار خاصی نیست و هر کسی می‌تواند آن را انجام دهد و آنچه بسیار به چشم می‌آید این است که:

اغلب کسانی‌که کاری نمی‌کنند منتقد می‌شوند.
امیدوارم شما جزء آن دسته نباشید.

☞ نحوه درخواست کردن

از دیگــر مهارت‌هــای ارتباطی که اکثر ما به دلیل ضعــف در آن، درگیری‌های زیـادی برای خود ایجاد می‌کنیم، مقوله نحوه درخواست کردن است. معمولاً ما درخواست‌های خود را یا به صورت دستور مطرح می‌کنیم، یا به صورت التماس!

یعنی اگر زورمان برسد دستور می‌دهیم و اگر زورمان نرسد التماس می‌کنیم! و این موضوع اصلاً درســت نیست. مهارت‌های درخواست کردن از هر فرد، اسلوب خـاص خـود را دارد و از آنجایی که این موضوع بسـیار پیچیده اسـت، می‌توانید از دوره مهارت‌های ارتباط مؤثر در سـایت من اسـتفاده کنید که می‌تواند کمک شـایانی به تقویت این مهارت داشـته باشـد. اما اگر بخواهم یک موضوع در رابطه با نحوه درخواست کردن را مطرح کنم، بی‌تردید استفاده از واژه «می‌تونم از شما خواهش کنم...» است. فرقی نمی‌کند که با کودک ۲ ساله خود صحبت می‌کنیم یا همسرمان یا مدیرمان. شاید خیلی زیباتر باشد که به جای دستور (برای من آب بیار) یا التماس (تو رو خدا منت بذارید بر سر من و یک لیوان آب بدهید!) از این بیان استفاده کنیم که:

«می‌تونم از شما خواهش کنم محبت کنید و یک لیوان آب به من بدهید؟ خیلی تشنه هستم...»

☞ نحوه صحبت با دیگران

یکـی از موضوعاتی که باعث می‌شـود ما به صورت غیر مسـتقیم درگیر موارد حاشـیه‌ای شـویم، این اسـت که نحوه صحبت کردن ما با دیگران واضح نیست و همین موضوع باعث ایجاد حاشیه‌هایی می‌شـود که ممکن است ساعت‌ها در روز وقت ما را بگیرد.

برای شروع، من چند عبارت مطرح می‌کنم. لطفاً ببینید که چقدر آشنا هستند؟ و معنی آنها مثبت است یا منفی؟!

دکتر!

آقای مهندس!

پروفسور!

تو واقعا پدیده‌ای!

ته اعتماد به نفسی!

می‌بینید این واژه‌ها خودشــان اگر به تنهایی نوشته شوند و یا اگر بدون احساس

خاصی خوانده شوند، واژه‌های مثبتی هستند و قرار است که جایگاه کسی را بالا ببرند. اما حقیقت کاملاً برعکس است و ما به گونه‌ای از آنها استفاده می‌کنیم که نتیجه کاملاً معکوسی دارد!

بنابراین، زمانی‌که به یک نفر با لحن خاصی می‌گوییم پروفسور! یعنی تو احمق‌ترین آدم دنیا هستی یا وقتی می‌گوییم واقعاً پدیده هستی! یعنی از تو پرت‌تر در دنیا وجود ندارد!

متأسفانه این خبر، خبر خوبی نیست و بیان و زبان ما این طور است! چه بخواهیم و چه نخواهیم، باید بپذیریم این موضوع در کشور ما واقعاً بیش از بسیاری از کشورها متداول است.

شاید برایتان جالب باشد که یکی از همکاران مجموعه ما که بعد از ۸ سال کار کردن در یک نهاد دولتی با وجود جایگاه خیلی خوبی که داشت، یعنی مدیر شبکه آن نهاد دولتی بود کار را رها کرد و به مجموعه ما آمد.

جالب بود وقتی من از او تعریف می‌کردم، مثلاً می‌گفتم واقعاً ازت ممنونم امروز خیلی زحمت کشیدی...

می‌گفت: آقای بهرام‌پور مگه من چی کار کردم؟

می‌گفتم: خیلی زحمت کشیدی فلان کار را کردی و ...

می‌گفت: خب کجا را کم گذاشتم؟

می‌گفتم: نه! من دارم از شما تعریف می‌کنم. به عبارتی، آن شخص آن‌قدر در آن محیط صحبت‌های منفی با بیان معکوس شنیده بود که وقتی به او می‌گفتند خیلی زحمت کشیدی، فکر کرد یعنی هیچ کاری نکردی! حتی وقتی من واقعاً از او تعریف می‌کردم، می‌دیدم که بنده خدا راحت متوجه نمی‌شود.

حقیقت این است که عموم مردم یا خیلی غیر مستقیم مثل نمونه‌های بالا حرف‌شان را می‌زنند، و یا اینکه صحبت را به صورت تحقیر یا توهین بیان می‌کنند.

فرض کنید شما مدیر هستید و می‌خواهید به کارمندتان که مرتکب اشتباهی شده است، اشتباهش را گوشزد کنید. در این شرایط ما معمولاً چه رفتاری داریم؟

یک نگاه چپ به او می‌اندازیم. بعد در دلمان هم می‌گوییم که عجب نگاهی بود، نگاه خیلی کاریزماتیک!

یا اینکه دقیقاً با فحش و تحقیر با آن شخص صحبت می‌کنیم و مثلاً می‌گوییم تو شعور نداری این کار را می‌کنی، تو اصلاً نمی فهمی ...

حقیقت این است که هیچ کدام از این دو رفتار درست نیست! یعنی نه اینکه

خیلی غیر مستقیم مثل نگاه چپ که باعث هزاران سوءتفاهم می‌شود، درست است. و نه اینکه کاملاً وقیحانه و کوبنده به یک نفر مطالبی را ارائه کنیم. آنچه که درست است، این است که ما صاف و رک و در عین حال محترمانه مطالب را بیان کنیم.

این یکی از اصلی‌ترین ویژگی‌های افراد کاریزماتیک است. هیچ وقت وقتشان را تلف نمی‌کنند که با حاشیه رفتن و غیر مستقیم گفتن، صحبت‌شان را به جایی برسانند، و یا اینکه هیچ وقت با کوبنده صحبت کردن برای خودشان دشمن درست نمی‌کنند.

مـا می‌خواهیم واضح، مستقیم و مؤدبانه صحبت کنیم. مهارت‌های نه گفتن و همچنین انتقاد شنیدن و انتقاد کردن را در مباحث قبلی مطرح کردیم و در اینجا قصد داریم در مورد تکمیل اطلاعات حرف بزنیم.

مثلاً یکی از همکارانم در مجموعه، یک بار در جلسـه‌ای دیر آمدند. مدل اول، مدل عمومی که همه ما انجام می‌دهیم یا غیر مستقیم چپ نگاه می‌کنیم، یا چنین رفتارهایی، یا اینکه خیلی کوبنده، که بازم که دیر آمدی! در صورتی که ایشان هیچ وقت دیر نمی‌آیند و همیشه منظم هستند و این یک اتفاق خاص بود. تکنیکی که اینجا باید استفاده کنیم چیست؟

اینکه قبل از قضاوت کردن سؤال کنیم.
سؤال به کم شدن تنش و نتیجه‌بخش بودن صحبت کمک می‌کند.

بنابراین وقتی من از ایشان پرسیدم: عذر می‌خواهم مشکلی وجود داشت که شما دیر تشریف آوردید؟ وقتی جواب را شنیدم، خجالت کشیدم. ایشان گفتند: بله شما به من پیامک زدید که بروید فلان چیز را از دفتر بیاورید. من نزدیک اینجا بودم، دوباره رفتم تا دفتر و برگشتم.

مـن دیدم عمــلاً خودم عامل این تأخیر بودم و خدا را شـکر کـه برخورد بدی نداشتم و فقط می‌خواستم اطلاعاتم را تکمیل کنم.

در مـورد قضاوت کردن نابجا، هزاران مثال وجود دارد. اجازه دهید مثال مدیر یک سـازمان را بزنم که می‌نالید: این کارمند من بی‌شـعور است، این کارمند من همش دارد با موبایل صحبت می‌کند! این کارمند سه چهار روزه، انگار نه انگار که این موبایل برای خانه است و در محیط کار نباید از موبایل استفاده کرد. با پُر رویی تمام هم موبایل را دستش می‌گیرد و حرف می‌زند. وقتی که به او نگاه می‌کنم، به

من لبخند هم می‌زند!

گفتم: خب تا به حال با او صحبت کردی؟

پاسخ داد: نه! برای چی باید صحبت کنم؟! بی‌شعوری، بی‌شعوری است دیگه! نیازی به صحبت کردن ندارد! اگر می‌خواست درست شود، درست می‌شد. آن مدیر با اصرار من رفت و با آن شخص صحبت کرد و چهره‌اش وقتی که برگشت خیلی جالب بود!

چون متوجه شد تلفن‌های دفتر در آن قسمت چند وقتی است که به خاطر کابل برگردان دچار مشکل شده و آن شخص تلفن را روی موبایل خودش دایورت کرده بود و عملاً در تمام روز داشت با تلفن دفتر صحبت می‌کرد و خیلی جالب است بدانید که حتی به خاطر این موضوع در ساعت‌های غیرکاری هم پاسخگوی تلفن بوده است!

حالا فرض کنید آن مدیر می‌آمد و می‌گفت: تو دائماً با موبایلت صحبت می‌کنی، کارهای شخصی انجام می‌دهی و ....

در آن صورت دیگر آن شخص هیچ وقت رغبت نمی‌کرد که چنین کاری را برای کسی انجام بدهد و در دلش می‌گفت: لیاقتت همان است که بگوییم تلفن خراب است و ما هم کار نمی‌کنیم!

بنابراین حتماً سعی کنیم قبل از قضاوت اطلاعاتمان را کامل کنیم.

فصل هشتم

ورودی‌های ذهن

ورودی‌های ذهن شما

بدون هیچ تردیدی یکی از مهم‌ترین عوامل اهمال‌کاری ما، ورودی‌های ذهنمان هستند و برایم واقعاً عجیب است که چرا اکثر مردم دنیا این موضوع برایشان از رفتن به سرویس بهداشتی کم‌اهمیت‌تر است؟!

حقیقت این است که ما یک سیستم هستیم و هر سیستمی یک ورودی دارد و یک خروجی. در سیستم انسانی نیز خروجی، ارتباط بسیار تنگاتنگی با ورودی‌ها دارد و ما معمولاً ورودی‌های مغز خود را به دست ماهواره، تلویزیون، اینترنت، شبکه‌های اجتماعی و سایر رسانه‌ها می‌سپاریم که دارندگان رسانه‌ها بسته به سلیقه خود، ورودی مغز ما را کنترل کنند!

الوین تافلر در کتاب «ثروت انقلابی» خود می‌گوید، در حال حاضر و از آنجایی که اطلاعات به مقدار بسیار زیادی به سمت ما ارائه می‌شود، مغز در مقابل این حجم از اطلاعات، کار فکر کردن را حذف می‌کند و اجازه می‌دهد دیگران جای وی تصمیم بگیرند.

همه ما ۳ ورودی داریم که اطلاعات را به سمت ما می‌آورد و این سه ورودی عبارتند از اطلاعات، انسان‌های اطراف و محیط.

نکته بسیار مهم این است که غالب این ۳ ورودی به هیچ عنوان توسط ما قابل فیلتر شدن نیستند: یعنی وقتی شما تلویزیون را روشن می‌کنید، هر خبری را مجبورید ببینید. وقتی شما روزنامه‌ای را باز می‌کنید، معمولاً تیترها به چشمتان می‌خورد و دیگر نمی‌توانید فیلترگذاری انجام دهید.

وقتی دوستی داشته باشید که دائماً حرف منفی می‌زند و با حرف‌هایش انگیزه شما را از بین می‌برد، یا شرایطی را ایجاد می‌کند که شما اهمال‌کاری کنید، دیگر نمی‌توانید فیلترش کنید که این کار را بکنید و آن کار را نکنید...

بنابراین بسیار ضروری است که ما این سه ورودی را کنترل کنیم و اجازه ندهیم هر نوع اطلاعاتی در ذهن ما جای بگیرد. در ادامه برای هرکدام از این ورودی‌ها راهکارهایی ارائه خواهم کرد:

ورودی اطلاعات

اولین مورد از ورودی‌های مغز، ورودی اطلاعات است. تلویزیون، ماهواره، رادیو، روزنامه و سایر رسانه‌ها ورودی‌های اطلاعاتی ما هستند و اگر نگاهی به آنها داشته باشیم می‌بینیم که این رسانه‌ها در تمام طول روز در حال بمباران کردن منفی ما هستند.

تلویزیون را که روشن کنید، یا در برنامه‌های طنز در حال شنیدن توهین هستید، یا در سریال‌های غم‌انگیز، در حال مشاهده بدبختی‌های دو یا چند نفر، یا در اخبار در حال شنیدن بحران‌های کشور خودمان یا سایر نقاط دنیا...

با روزنامه نیز شرایط چندان فرقی نمی‌کند. (همین الان در هواپیما هستم و می‌بینم که اطرافیانم با چه دقتی در حال خواندن صفحه حوادث روزنامه با بیان شیوه فجیع‌ترین قتل‌ها و ... هستند.)

شبکه‌های اجتماعی نیز شرایط خود را دارند. در آنجا نیز معمولاً دو اتفاق رخ می‌دهد.

اول اینکه در حال خواندن ناله‌های عاشقانه دوستانمان هستیم که از بی‌وفایی می‌نالند، و دوم دیدن بهترین تصاویر و اتفاقات برای دوستانمان. تحقیقات بسیار زیادی اثبات کرده که شبکه‌های اجتماعی به دلیل همین موضوع، میزان رضایت از زندگی را کاهش می‌دهند!

خواهشی که از شما دارم این است که تا جایی که امکان دارد، تلویزیون‌ها را از زندگیتان حذف کنید. تلویزیون‌ها یکی از بزرگ‌ترین مشکلات قرن حاضر هستند. شما اگر کمی روان‌شناسی کاربردی بدانید، متوجه می‌شوید که چه سیاست‌هایی پشت تمام تلویزیون‌ها است. داخلی و خارجی هم ندارد. مغز ما را نابود می‌کنند. اخباری که می‌شنویم، مدل ارتباطاتی که داخل سریال‌ها می‌بینیم و همه این اتفاق‌ها شرایط را به گونه‌ای رقم می‌زنند که ما خودمان نباشیم و دقیقاً مطابق خواسته رسانه‌ها رفتار کنیم.

البته مطمئنم ۹۹ درصد افراد جامعه با من مخالفت می‌کنند و می‌گویند که توهم توطئه دارم، و یا اینکه بدون رسانه نمی‌توان زندگی کرد ...

شاید برایتان جالب باشد اگر بدانید من بسیار خوشحالم که حدود چهار سال است ازدواج کرده‌ام و در این مدت تلویزیون ندارم. زمانی که من خودم برنامه تلویزیونی داشته باشم، یا مثلاً ماهانه یک برنامه مهم وجود داشته باشد، آن برنامه مهم را از اینترنت دانلود و بعد مشاهده می‌کنم.

همچنین توصیه می‌کنم اگر شرایط کاری شما به گونه‌ای است که هیچ چاره‌ای ندارید و مجبورید که برخی از اخبار خاص را گوش کنید، تا حدّ ممکن از رسانه‌های متنی استفاده کنید و از گوش دادن به رادیو یا مشاهده تلویزیون خودداری و فقط اخباری را که مربوط به کار شماست، پیگیری کنید. زیرا اخبار متنی، اثر گذاری احساسی کمتری نسبت به رسانه‌های سمعی و بصری دارند.

اقدامك:

اگر می‌توانید برای مدت یک هفته، مشاهده اخبار یا گوش دادن به رادیو را از برنامه خود حذف کنید. اگر برای شما امکان‌پذیر نیست، سعی کنید در روز فقط یک خبر را مطالعه کنید.

مورد بعدی روزنامه‌ها هستند. به دلیل سخنرانی‌هایی که در شهرهای دیگر دارم، در هفته، دو یا سه مرتبه با هواپیما به شهرهای مختلف سفر می‌کنم. خیلی جالب است، وقتی روزنامه داخل هواپیما پخش می‌شود یا داخل سبد پشت صندلی قرار دارد، مردم با چنان شتابی حمله می‌کنند به سمت روزنامه که من با خودم فکر می‌کنم احتمالاً الان منتظر خبری هستند که گویا مهم‌ترین لحظه زندگی آنها را رقم خواهد زد. اما در کمال تعجب می‌بینم که آنها صفحه حوادث را باز می‌کنند و تیترهای وحشتناکی همچون موارد زیر را می‌خوانند:

– مادری که فرزندش را در مایکروویو پخت!

– بچه‌ای که پدرش را تکه تکه کرد!

– خفاش بنفش با جوراب صورتی فلانی را خفه کرد!

همه اینها فقط حوادثی هستند که بسیار نادرند و تنها کاربرد آنها این است که اطلاعات منفی به ذهن ما می‌آورند. شـما وقتـی این همه خبر منفی می‌خوانید، آیا دیگر حالی برایتان می‌ماند که کاری انجام دهید؟ مطمئناً همین موضوع یک عامل اهمال‌کاری می‌شود.

پس لطفاً اطلاعات خودتان را فیلتر کنید. فیلم‌های انگیزشـی ببینید. موضوعاتی که حال شما را خوب می‌کند، گوش کنید. شاید بگویید فیلم‌های انگیزشی را آدم نگاه می‌کند و حالش خوب می‌شـود و دوباره حالش بد می‌شـود. حمام رفتن هم همین طور است. شما یک بار حمام می‌روید تا آخر عمر؟! نه. شما مرتباً استحمام می‌کنید که پاکیزه بمانید. برای موضوعات انگیزشی هم دقیقاً همین طور است. دائماً باید با موضوعات انگیزشـی تغذیه شـوید. (مخصوصاً در دنیایی که همه در حال بمباران منفی ما هستند.)

البته نباید از یک مقوله بسـیار مهم چشم بپوشیم و آن موسیقی‌هایی هستند که شعر آنها منفی است. مطمئن باشید موسیقی، اثر شگفت‌انگیزی بر روی ناخودآگاه شما خواهد داشت.

☜ ورودی از طریق انسان‌های اطراف

بعد از رسانه‌ها، قدرتمندترین ورودی‌ها، انسان‌های اطراف هسـتند. آقای مک لند تحقیقی انجام دادند و این تحقیق نشان می‌داد که:

📌 افراد گروه مرجع ما، یعنی اطرافیانی که بیشترین ارتباط را با ما دارند، ۹۵ در صد روی موفقیتمان تأثیر دارند!

بنابراین اگر اطرافیان نزدیک ما، افراد بی‌ارزش، منفی و یا اهمال‌کار باشند، باید مطمئن باشیم ما نیز از آنها بالاتر نخواهیم رفت.

جیم ران جمله بسیار معروفی دارد که برای من خیلی جالب است و واقعاً به آن اعتقاد دارم:

📌 شما در هیچ چیزی از پنج نفر اول اطرافیانتان بالاتر نخواهید رفت. نه در موفقیت، نه در ثروت، نه در اعتقادات و نه در هیچ چیز دیگری.

شـــما ببینید پنج نفر نزدیک زندگی شـــما چه کسانی هستند و بررسی کنید آنها افرادی هستند که شما می‌خواهید مثل آنها شوید یا می‌خواهید خیلی بالاتر از آنها قرار بگیرید؟

اقدامك:

نام ۵ نفر که بیشتر ارتباط را با آنها دارید، به ترتیب اثر گذاری یادداشت کنید:

۱.

۲.

۳.

۴.

۵.

ببینید کدام یـــک از افراد باعث شـــده کـــه در مجموع میانگین ارزش دوســـتان شـــما در موضوعی خاص (مثـــل درآمد یا مثبت نگری یا...) کم شود.

سعی کنید فرد جایگزینی برای این شرایط پیدا کنید.

دقت داشته باشید در این موضوع نباید با ترحم بیجا به خودتان خیانت کنید. دقت کنید که شما رسالت و هدفی در زندگی دارید و برای اثرگذاری باید بتوانید جایگاه خود را ارتقا دهید. اگر می‌خواهید به کسی که جایگاه بسیار پایینی دارد، کمک کنید هیچ اشکالی ندارد. فقط باید مراقب باشید که این اثر منفی را با جایگزین کردن افراد قدرتمند خنثی کنید.

یکی از بهترین ایده‌ها برای تغییر آن پنج نفر، داشتن مربی خوب است. هیچ آدمی آنقدر خوب نیست که مربی نداشته باشد. شاید جالب باشد بدانید برایان تریسی نیز که خودش یک سخنران بسیار معروف است و تا کنون چند میلیون نفر را آموزش داده است و کتاب سخنرانی او جزء پرفروش‌ترین کتاب‌های سخنرانی دنیاست، مربی سخنرانی دارد. بنابراین هیچوقت آنقدر خوب نیستیم که از مربی بی نیاز باشیم.

☞ ورودی محیط

پس از کنترل ورودی‌های اطلاعاتی و انسانی، نوبت می‌رسد به ورودی‌های محیط. سعی کنیم محیطی غنی از موارد مثبت داشته باشیم. برای این موضوع چند ایده کوچک را به شما پیشنهاد می‌کنم و امیدوارم شما با تعمیم دادن آنها، راهکارهای کاربردی‌تری را مطرح کنید.

☞ جملات انگیزشی

یکی از بهترین کارهایی که باید برای کنترل- یا به عبارتی دقیق‌تر مبارزه با محیط منفی- انجام داد، این است که ما هر روز با جملات و مطالب انگیزشی استحمام کنیم و بکوشیم همیشه انگیزه خود را با جملات انگیزشی بالا ببریم.

تصویر پس زمینه موبایل و کامپیوتر

بنابراین، شاید لازم باشد که همین الان تصاویر پس زمینه موبایل و کامپیوتر خود را تغییر دهید و از جملات انگیزه‌بخش و انرژی‌دهنده استفاده کنید. به طوری که وقتی به هر جایی- حتی دیوار اتاقتان یا درب دفتر کارتان- نگاه می‌کنید، انگیزه بگیرید.

اگر عضو سایت ما (bahrampoor.com) باشید، به صورت هفتگی ایمیل‌هایی را دریافت خواهید کرد که در انتهای همه آن یک تصویر انگیزشی قرار دارد که احتمالاً حس خوبی به شما خواهد داد.

این تصاویر در ابعادی تهیه شده‌اند که شما بتوانید از آن به عنوان تصویر زمینه کامپیوتر یا لپ‌تاپ خود استفاده کنید.

تنظیم آهنگ ساعت موبایل

به لطف تکنولوژی، راه‌های بسیار زیادی پیش روی ما قرار دارد که بتوانیم موارد انگیزشی را در مسیر دید خود قرار دهیم. برای مثال، من عنوان زنگ ساعت موبایلم را یک جمله انگیزشی انتخاب کرده‌ام و هر وقت ساعت موبایل را تنظیم می‌کنم تا مرا از خواب بیدار کند، با یک جمله انگیزشی دلنشین مواجه می‌شوم و آن روز با انرژی بسیار زیادی آغاز خواهد شد.

این موارد، راهکارهایی بسیار ساده بودند. شما می‌توانید با خلاقیت خود راهکارهای دیگری در این زمینه پیدا کنید.

قانون ویلفرد پرتو

تقریباً مطمئنم که اغلب خوانندگان این کتاب، «قانون ۲۰/۸۰ ویلفرد پَرِتو» را می‌دانند. اما از آنجایی که ممکن است با این موضوع آشنایی نداشته باشید، لازم می‌بینم که در این مورد توضیح کوتاهی ارائه کنم. این قانون که «عدم توازن نظام‌مند و غیرقابل پیش‌بینی» نیز نامیده می‌شود، می‌گوید:

۸۰ درصد از نتایج
از ۲۰ درصد فعالیت‌ها نشأت می‌گیرد!

و همیشه هم همین طور است، مگر اینکه تغییرات گسترده و تلاش‌های آگاهانه‌ای شکل بگیرد. شاید لازم باشد برای توضیحات بیشتر، با چند مثال این قانون را بشناسیم:

۸۰ درصد ترافیک تهران در ۲۰ درصد اتوبان‌ها و بزرگراه‌ها وجود دارد.

۸۰ درصد تغییرات جامعه، توسط تصمیم ۲۰ درصد افراد جامعه اتفاق می‌افتد.

و ۲۰درصد فعالیت‌های ما است که باعث می‌شود ۸۰ درصد نتایج ما شکل بگیرد و این یک حالت نرمال است.

مثلاً اگر من با این موضوع آشنا نبودم، باعث می‌شد که این کتاب را به گونه‌ای طراحی کنم که ۲۰ درصد از محتوای آن، ۸۰ درصد از نتایج را داشته باشد، اما تلاش من بر این بوده که چنین شکلی به خود نگیرد.

حال نکته بسیار مهم این است که ما ببینیم این قانون چه کاربردی برای ما دارد؟

اصلی‌ترین کاربرد قانون پَرِتو این است که با استفاده از آن متوجه این موضوع می‌شویم که کدام تلاش‌های ما مهم‌تر هستند؟ کدام یک، آن ۲۰ درصدی هستند که باید روی آنها تمرکز کنیم تا با کم‌ترین تلاش نتایج بسیار ارزشمندی بگیریم.

برای مثال، با کمی بررسی خواهیم یافت که احتمالاً ۸۰ درصد سود ما توسط ۲۰ درصد مشتری‌ها ایجاد می‌شود. بنابراین اگر خدمات بهتری را به آن ۲۰ درصد ارائه کنیم، مطمئناً کار ما خیلی سبک‌تر و درآمد ما خیلی بیشتر خواهد شد.

اگر کمی هوشمند باشیم و به این نکات دقت کنیم، می‌توانیم نتایج فوق‌العاده‌ای را برای خودمان رقم بزنیم.

می‌توانید کتاب «قانون ۲۰/۸۰» را مطالعه کنید که دیدگاه‌های خیلی بهتری را در اختیار شما قرار خواهد داد.

قانون ۲۰/ ۸۰، جنبه‌های دیگری نیز دارد. مثل اینکه اگر ۱۰درصد بیشتر از رقیب‌هایمان جلو باشیم، ممکن است صد تا دویست درصد سودمان افزایش پیدا کند و این همان تغییرات کوچکی است که باید اعمال کنیم.

۲۰ درصدی‌های زندگی‌تان را پیدا کنید و ببینید در چه قسمت‌هایی باید تلاش بیشتری داشته باشید و آن ۸۰ درصد را تا می‌توانید کمتر و به استراحت تبدیل کنید. آن ۲۰ درصد را کمی افزایش دهید!

فصل نهم

ایجاد انگیزه

☜ چطور انگیزه داشته باشیم؟

همیشه در بحث اهمال‌کاری و تنبلی، مقوله‌ای به نام انگیزه نیز خودنمایی می‌کند و ســؤال بســیاری از افراد از ما همواره این است که چطور می‌توانیم انگیزه داشته باشیم و انگیزه خود را بالا ببریم؟

حقیقت این است که این سؤال، چندان درست نیست. مانند این است که فردی بگوید چرا وقتی آب قطع است، شیر آب را که باز می‌کنم آب نمی‌آید؟!

در انگیزه نیز چنین شرایطی حاکم است، انگیزه از اجزای مختلفی تشکیل شده و تا زمانی که این اجزا وجود نداشته باشــند، اصلاً انگیزه معنی پیدا نمی‌کند. مثلاً اگر هیچ هدفی برای خود نداشته باشیم، توقع اینکه انگیزه داشته باشیم، مانند مثال شیر آب، خنده‌دار است!

اجزای اصلی که باعث ایجاد انگیزه می‌شوند، شامل موارد زیر هستند:

۱. داشتن هدف (در همه زمینه‌های زندگی با روش درست)

۲. سبک زندگی صحیح (شامل تغذیه مناسب، خواب کافی و تفریح اصولی)

۳. داشتن اطلاعات و تخصص کافی در مورد فعالیت موردنظر

۴. کنترل ورودی‌های ذهن (مثل تلویزیون، اینترنت و ...)

تقریباً می‌توان مطمئن بود که با رعایت ۴ نکته فوق، انگیزه به اندازه کافی ایجاد می‌شود. در ادامه راهکارهایی برای تقویت انگیزه ارائه خواهیم کرد.

☜ جملات انگیزه‌بخش

شاید یکی از بهترین روش‌های ایجاد انگیزه، جملات انگیزه‌بخش و مثبتی باشند کــه حال و هوای ما را تغییر می‌دهند و با خواندن آنها انگیزه زیادی پیدا می‌کنیم. در ادامه چند مورد از آنها را با یکدیگر مرور می‌کنیم:

امروز کارهایی را انجام می‌دهم که دیگران حاضر نیستند انجام دهند تا فردا کارهایی را انجام دهم که دیگران نمی‌توانند انجام دهند.

یا

ستاره‌ها بدون تاریکی نمی‌توانند بدرخشند

بدون هیچ تردیدی این جمله از مایکل جردن (بسکتبالیست اسطوره‌ای) نیز باید مورد توجه قرار بگیرد:

می‌توانم شکست خوردن را بپذیرم، اما تلاش نکردن را هرگز!

خوشبختانه چنین جملات و عباراتی را می‌توان به سادگی در اینترنت یافت و از همین رو به همین چند مورد بسنده می‌کنم و به راهکارهای دیگر می‌پردازم.

سکوت

یکی از موضوعات بسیار مهم که باعث از بین رفتن انگیزه ما می‌شود، پرحرفی کردن در مورد آرزوهاست!

آقای درک سیلور در یک سخنرانی این موضوع بسیار مهم را مطرح می‌کند که طبق تحقیقات علمی، کسانی که در مورد آرزوهایشان با دیگران صحبت می‌کنند، به دلیل اینکه مغز ما تفاوت بین گفته و واقعیت را درست متوجه نمی‌شود، اهدافشان کمتر به ثمر می‌نشیند. زیرا مغز تصوّر می‌کند که به آن رسیده است!

در واقع اگر بخواهیم کمی علمی‌تر به این اتفاق نگاه کنیم، می‌توانیم بگوییم که ما وقتی به آرزوهایمان برسیم، خوشحال می‌شویم و مغز ما دوپامین ترشح می‌کند و این می‌شود پاداش ما. اما اگر از آرزوهایمان با دیگران بگوییم– مخصوصاً اگر ما را تشویق کنند– همین اتفاق رخ خواهد داد، اما نه با رسیدن به هدف، بلکه فقط با تعریف کردن آن.

از همین رو باید در نظر داشته باشیم که تا حدّ ممکن از صحبت کردن در مورد آرزوهای خود با دیگران خودداری کنیم، و به جای صحبت کردن، به تلاش برای رسیدن به آرزوها ادامه دهیم.

☜ **تخصص در سه مهارت**

راهکار دیگری که به ما کمک می‌کند تا انگیزه زیادی کسب کنیم، این است که در ۳ حیطه از زندگی خود متخصص شویم؛ یعنی کاری که باید انجام دهیم این است که:

سه حوزه در زندگی خود انتخاب و تلاش کنیم در آن ۳ حوزه جزء بهترین‌های کشور باشیم.

به محض اینکه شما برای این سه حوزه تلاش می‌کنید، خواهید دید که در تک تک اجزای زندگی‌تان تغییرات فوق‌العاده‌ای رخ خواهد داد و این موضوع فقط بسته به آن حوزه‌ها نخواهد بود.

از همین رو پیشنهاد می‌کنم که از فعالیت‌های کوچک شروع کنید و دائماً خودتان را بهبود ببخشید. باید هر روز حداقل یک کار کوچک هم که شده، برای آن انجام دهید.

در آن سه حیطه یاد بگیرید، تمرین کنید، شکست بخورید، یاد بگیرید، تمرین کنید، شکست بخورید، بازخورد بگیرید تا بالاخره در جزء بهترین‌ها شوید.

خواهید دید به محض اینکه حتی در یک حوزه تبدیل به یک متخصص عالی شدید، در بقیه اجزاء هم در شما تغییرات خوبی رخ می‌دهد و این خودباوری در شما ایجاد می‌شود که می‌توانید تغییرات فوق‌العاده‌ای در خودتان ایجاد کنید.

اقدامك:

سه کار را انتخاب کرده و در آنها بهترین شوید.
پیشنهاد اول من، تایپ ده‌انگشتی است.

۱.

۲.

۳.

در سال ۱۹۹۰، گروهی از روان‌شناسان به سرپرستی اریکسون مطالعه‌ای انجام دادند. در این مطالعه دانش‌آموزان مدرسه ویولن به سه گروه تقسیم شدند. در اولین گروه، بچه‌هایی که دارای استعداد کافی برای تک‌نوازی در گروه‌های بین‌المللی بودند، قرار گرفتند. در گروه دوم، کسانی قرار داده شدند که در این زمینه استعداد نسبتاً خوبی داشتند. در سومین گروه، کسانی قرار گرفتند که به نظر می‌رسید هرگز به مراحل حرفه‌ای نخواهند رسید و انتظار می‌رفت که حداکثر مربی موسیقی مدارس دولتی شوند.

آنگاه از همه آنها این سؤال پرسیده شد: از اولین باری که دست به ویولن زده‌اید تاکنون چند ساعت تمرین کرده‌اید؟

همه افراد در هر سه گروه، نوازندگی ویولن را از حدود ۵ سالگی شروع کرده و در چند سال اول، همگی تقریباً به یک اندازه و حدود ۲ تا ۳ ساعت در هفته تمرین کرده بودند. اما وقتی آنها به حدود ۸ سالگی رسیدند، تفاوت واقعی شروع شد. بچه‌هایی که در آن سنین بیش از دیگران تمرین کرده بودند، حالا بهترین‌های کلاس بودند. این دسته ۶ ساعت در هفته تا ۹ سالگی، ۸ ساعت در هفته تا ۱۲ سالگی، ۱۶ ساعت در هفته تا ۱۴ سالگی، و همین‌طور بیشتر و بیشتر تمرین می‌کردند. آنها تا هنگامی که به بیست سالگی رسیده بودند، به راحتی بیش از ۳۰ ساعت در هفته تمرین می‌کردند.

در حقیقت دسته برتر نوازنده‌های ویولن تا این سن، ده هزار ساعت تمرین کرده بودند. در صورتی که دسته دوم هشت هزار ساعت، و دسته سوم که مربیان آینده موسیقی در مدارس می‌شوند، فقط حدود چهار هزار ساعت تمرین کرده بودند.

اریکسون و همکارانش سپس پیانیست‌های آماتور را با پیانیست‌های حرفه‌ای مقایسه نموده و به نتایج مشابه دست یافتند. آماتورها در دوران کودکی هرگز بیش از ۳ ساعت در هفته تمرین نکرده بودند و تا سن بیست سالگی در مجموع دو هزار ساعت تمرین داشتند. اما حرفه‌ای‌ها دائماً بر ساعات تمرین خویش افزوده و تا سن بیست سالگی ده هزار ساعت تمرین در کارنامه خود داشتند.

قسمت جالب توجه مطالعه اریکسون این بود که آنها هرگز موفق نشدند فردی را بیابند که بدون تمرین زیاد، به طور ذاتی و طبیعی و تنها با اتکا به استعداد خویش به مراحل حرفه‌ای کار موسیقی رسیده باشد. تحقیق آنها نشان داد که پس از اینکه یک موزیسین با اتکا به توانایی‌های زیاد خویش موفق به حضور در یک مدرسه خوب موسیقی شد، چیزی که باعث تشخیص او به عنوان یک نوازنده موفق آینده

می‌شود، میزان جدیت او در کار است، فقط همین!

افرادی که در اوج هستند، خیلی سخت‌تر و بیشتر از سایرین، کار و تمرین می‌کنند. آنچه که این محققان در مطالعه خود یافتند یک عدد جادویی برای رسیدن به موفقیت واقعی بود و آن ده هزار ساعت تمرین و تلاش است.

مالکوم گلدول در کتاب «تافته جدابافته» ایده ۱۰ هزار ساعت را مطرح می‌کند و می‌گوید: برای اینکه در هر حوزه‌ای جزء افراد متخصص عالی رتبه شویم، کافیست که ۱۰ هزار ساعت تمرین صحیح و اصولی و منظم داشته باشیم. این عدد، یعنی به مدت حدود ۱۴ سال، روزی دو ساعت؛ یا ۵/۵ سال روزی ۵ ساعت تمرین صحیح و اصولی و منظم.

البته برخی از صاحب‌نظران، نظریه ده هزار ساعت را نقض می‌کنند، اما من توصیه می‌کنم که در این مورد قضاوت نکنید و کمی در این مسیر حرکت کنید تا نتیجه را ببینید.

داشتن همراه

از دیگر عواملی که به ما کمک می‌کند تا انگیزه داشته باشیم و انگیزه خود را حفظ کنیم، داشتن یک فرد همراه و مناسب است. همان طور که در بخش ورودی‌های مغزی صحبت کردیم، افرادی که در زندگی ما حضور فعال دارند، نقش مهمی در انگیزه ما دارند و اگر یک همراه خوب و مناسب داشته باشیم، بدون هیچ تردیدی انگیزه بسیار بالایی خواهیم داشت.

یکی از بستگان من، حدود ۵ سال است بهترین راکت تنیس را خریداری کرده و حتی یک بار هم به کلاس تنیس نرفته است. چندی پیش همسرم در یک مهمانی برای رفتن به کلاس تنیس ابراز تمایل کرد که بلافاصله با پاسخ مثبت آن فرد روبرو شد و الان مدتی است که هر دو به صورت منظم به کلاس تنیس می‌روند.

البته باید مراقب این دام باشیم که بیش از حدّ به همراه وابسته نباشیم. زیرا احتمال اینکه همراه ما نیز انصراف بدهد بسیار بالاست. (زیرا همراه ما نیز فردی خواهد بود مثل ما!)

نقاط ناامیدی در مهارت

اگر کمی به گذشته خود دقت کنید، خواهید دید در زمانی‌که قصد داشتید مهارتی را فرا بگیرید، تغییری در زندگی خود ایجاد کنید و ...، اتفاقی که رخ داده

این اســت کــه تصوّر می‌کردید قرار است مسیر رشد، موفقیت و پیشرفت را بســیار
سریع و به صورت مستقیم طی کنید.

در حقیقت این تصور در ذهن ما شــکل گرفته که راه رســیدن از نقطه مبدأ به
مقصد یک مسیر صاف و مستقیم است در حالی که این یکی از بزرگترین مشکلات
ذهنی ماست که توقع داریم در مسیر پیشرفت و تغییر، مسیری صاف و بدون هیچ
مشکلی را طی کنیم.

کتاب «استادی[1]» نوشته جرج لئونارد در این زمینه کمک زیادی به من کرد که
امیدوارم توضیحات آن برای شما نیز جالب باشد.

اگر بخواهم خیلی ساده این موضوع را توضیح دهم، شاید بهترین مثال موضوعی
مثل رژیم لاغری باشد. معمولاً ما تصوّر می‌کنیم که به محض اینکه تصمیم به رژیم
بگیریم و کمی فعالیت انجام دهیم سریع لاغر خواهیم داشت و در میزان پیشرفت و
تغییر بسیار رشد خواهیم داشت و از همین رو توقع چنین نموداری داریم:

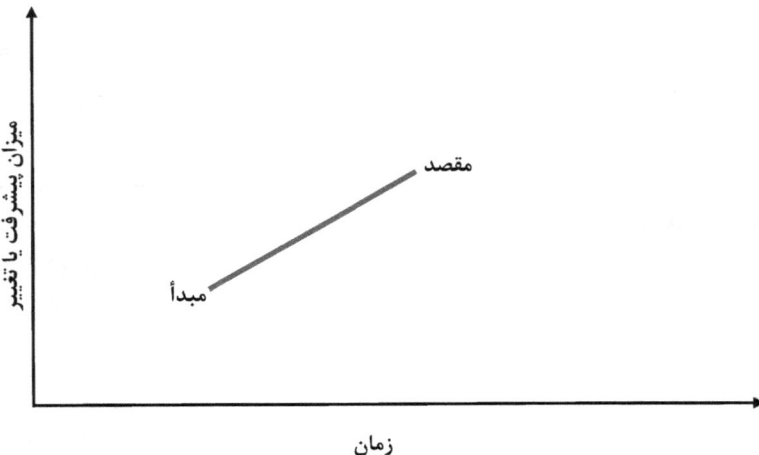

اما حقیقت این اســت کــه چنین نموداری فقط در دنیــای ذهنی ما وجود خواهد
داشــت و هر مسیری که نیاز به تغییر داشته باشد توأم با فراز و نشیب‌های زیادی
خواهــد بود. مثلاً اگر رژیم خود را آغــاز کرده‌اید و پس از اینکه ۲ کیلوگرم لاغر
کردید (نقطه ۱ در نمودار)، برای مدتی وزن شما ثابت می‌ماند و یا اینکه حتی یک
کیلوگرم زیاد خواهد شد. (نقطه ۲ در نمودار)

---

1. Mastery

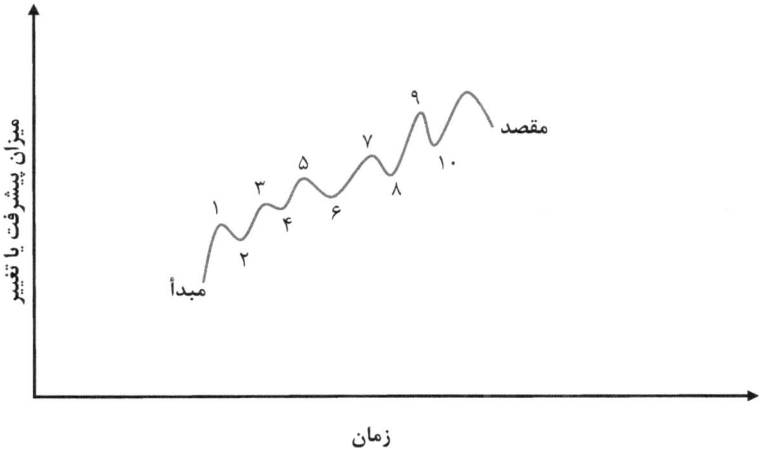

اکثر انسان‌ها به محض دیدن کوچکترین افزایش وزنی فوراً تصمیم خود را فراموش می‌کنند و به این موضوع اصلاً فکر نمی‌کنند. اما افراد موفق حتی با وجود اینکه نتیجه ملموسی دریافت نمی‌کنند (و حتی نتیجه عکس می‌گیرند)، به تلاش خود ادامه می‌دهند و البته شدت آن را بیشتر نیز می‌کنند و همین موضوع باعث می‌شود که به نتیجه برسند.

شاید این نگرانی برای شما پیش بیاید که این نقاط پسرفت چه هستند؟ در پاسخ باید بگویم که این نقاط نه تنها اصلاً خطرناک نیستند بلکه اتفاقات خوبی نیز به شمار می‌آیند. بعد از هر جهش کوچکی که انجام می‌دهیم، مغز ما تلاش می‌کند آن را به قسمت ناخودآگاه هدایت کند تا انرژی کمتری مصرف شود و در حین انتقال این موضوع از قسمت خودآگاه به ناخودآگاه، بعضی از موفقیت‌ها و تغییرات از بین می‌روند. بنابراین لازم است که ما در آن زمان‌هایی که نقاط سقوط در نمودار هستند، تلاش و تمرینمان را بیشتر کنیم تا هرچه سریع‌تر از نقاط سقوط به نقاط اوج برگردیم.

☞ **مبارزه شخصی**

یکی از ایده‌های خوب برای حذف انگیزه، داشتن مبارزه شخصی است. همه ما در زندگی خود مبارزه‌های شخصی داریم که با خودمان یا با دیگران است. به این

معنــی که وقتی فردی به ما گفت: در کاری نمی‌توانیم موفق شــویم و یا با رفتاری سعی در شکست ما داشت. برای خودمان تصمیمی ذهنی می‌گیریم که تلاشمان را ارتقـا دهیم و این اتفاق را تبدیل به یک مبارزه شــخصی و یک عامل انگیزه‌دهنده کنیم.

بــرای مثـال، تقویت مهارت ســخنرانی در من دقیقاً به این خاطــر بود که وقتی اولین سخنرانی خود را خراب کردم، فردی که اصلاً از او خوشم نمی‌آمد، بلافاصله میکروفن را در دست گرفت و بسیار عالی صحبت کرد و من تصمیم گرفتم که به خودم اثبات کنم که بهتر از او هســتم! (هرچند الان حتی اسم آن شخص را نیز به خاطر نمی‌آورم! اما انگیزه فوق‌العاده‌ای برای من ایجاد کرد.)

حال شــما می‌توانید بررسی کنید که در چه جاهایی می‌توانید مبارزات شخصی خود را بسازید و از آنها الهام بگیرید.

☞ **اهمال‌کاری هدفمند**

همان طورکه در ابتـدای این کتاب در این رابطه صحبت کردم، هیچگاه امکان نــدارد که ما به صورت کلی اهمال‌کاری را از بین ببریم و همواره در زندگی خود زمان‌هایی را مشــغول اهمال‌کاری هستیم. در این بین شــاید ایده خوبی باشد که اهمال‌کاری را به صورت هدفمند و اصولی انجام دهیم تا نتیجه بسیار بهتر شود.

شاید بهتر باشد این موضوع را با یک مثال توضیح دهم. فرض کنید شما تصمیم گرفته‌اید که وزن خود را کم کنید و چند هدف دیگر نیز برای خود تعیین کرده‌اید.

کم کردن وزن و فعالیت‌های مربوط به آن ۴ ســال از شــما وقت گرفته و واقعاً شــما را خســته کرده اســت و احســاس می‌کنید که واقعاً از پس آن بر نمی‌آیید. بنابراین اگر این هدف واقعاً در حال حاضر حیاتی نیست و مطمئنید که از پس آن بر نمی‌آیید، شــاید بد نباشد که فعلاً آن را از لیست اهداف خود حذف کرده و بر اهداف دیگر تمرکز نمایید.

شــاید از این صحبت کمی تعجـب کنید! اما باید بگویم: احتمال اینکه شــما با کسب موفقیت‌های دیگر، با اعتماد به نفس بیشتری به سراغ این تغییر بیایید خیلی بیشتر است تا اینکه به صورت مستقیم به سراغ هدفی به این دشواری بروید.

بنابراین به لیست اهداف خود نگاهی بیاندازید و ببینید کدام‌یک از آنها باید از اولویت‌های فعلی شما کنار بروند تا بتوانید به اهداف دیگر خود دست یابید؟

تغییرات مستمر

با مطالعه کتاب تا اینجا (یعنی تقریباً تا انتهای کتاب)، احتمالاً تغییرات کوچک یا بزرگی در رفتار شما شکل گرفته است. این یکی از نگرانی‌های همه ماست که بتوانیم این تغییرات را به صورت دائم نگه داریـم و کاری کنیم که این عادت‌ها همواره در ما باقی بماند و دائماً این بهبود مستمر شکل بگیرد.

شاید برایتان جالب باشد بدانید که وقتی می‌خواهند قطاری را که متوقف است، سـر جایـش نگه دارند، تکه چـوب کوچکی را جلوی ریل قـرار می‌دهند! و قطار نمی‌تواند به واسـطه آن حرکت کند! و هیچ چیزی نمی‌تواند باعث حرکتش شـود حتی اگر موتور آن روشن شود!

اما همین قطار به محض اینکه راه می‌افتد، داستان شکل دیگری می‌گیرد. زمانی که با سرعت ۹۰ کیلومتر بر ساعت حرکت می‌کند و به یک دیوار بتونی یک و نیم متری می‌خورد، آن دیوار را از بین خواهد برد...

چرا این موضوع رخ می‌دهد؟ به دلیل قانون ساده‌ای در فیزیک به نام تکانه! که به زبانی بسیار ساده می‌گوید:

> چیزی که ثابت است، دوست دارد ثابت بماند و چیزی که دارد حرکت می‌کند دوست دارد به حرکتش ادامه بدهد ...

به نظر می‌رسـد که انسـان‌ها نیز همین‌طور هستند؛ در ابتدای کار حرکت کمی سـخت اسـت. اما به مرور زمان تغییرات بسـیار سـاده‌تر، و اساسـاً جزئی از کار می‌شوند.

اگـر به خودمان آموزش دهیم که دائماً تغییر کنیم، موفقیت جزئی از وجودمان می‌شـود. موفقیت‌ها سـرعت ما را زیاد می‌کنند و بعد از یک مـدت، اطرافیان و دوستان شما را می‌بینند و می‌پرسند: «چی شد تو یک مرتبه این طوری شدی؟» مطمئنم شـما در آن لحظه لبخند خواهید زد وگفت: «یک مرتبه هیچ اتفاقی رخ نداده و من مدت زیادی برای رسیدن به این موقعیت تلاش کردم.»

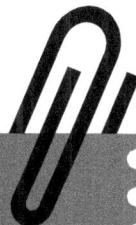

فصل دهم

مغزهای سه‌گانه و اهمال‌کاری

در این فصل از کتاب قصد داریم به سراغ مغز برویم و شناختی کلی از مغز پیدا کنیم و با استفاده از نظریه «مغزهای سه‌گانه[1]» که توسط آقای مک‌لین[2] ارائه شده به مقوله اهمال‌کاری بپردازیم.

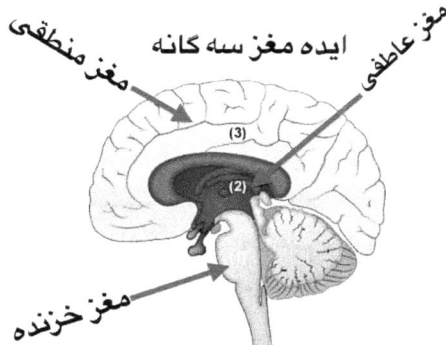

ایده مغز سه گانه

مغز عاطفی

مغز منطقی

(3)

(2)

مغز خزنده

آقای مک‌لین در این نظریه اعتقاد دارد که مغز انسان را می‌توان به سه قسمت اصلی تقسیم نمود:

مغز خزنده یا مغز قدیم

مغز پستاندار یا مغز میانی

مغز نئوکورتکس یا منطقی

نکته بسیار جالب این است که کارکرد این سه مغز با یکدیگر در تناقض بسیار بزرگی است، و اگر ما به این مقوله آگاه نباشیم، عملاً نمی‌توانیم از پس اهمال کاری بــر بیاییم. از همین رو قصد دارم این مبحث را بــه صورت کامل و کاربردی ارائه نمایم و در ادامه به بررسی کلی هرکدام از سه مغز خواهیم پرداخت:

---

1. Triune Brain
2. Paul D. MacLean

☞ مغز خزنده

مغز خزنده، بخشی درونی از مغز ماست، در ریشه مغز قرار دارد و تمام خزنده‌ها مانند مار و مارمولک و... آن را دارند و کار اصلی آن حفظ بقای ما با توجه به نیازهای اولیه و حیاتی است. همین که مثلاً چیزی به سوی شما پرت می‌شود و شما فوراً واکنش نشان می‌دهید و دستتان را جلوی صورت خود می‌گیرید، کاری است که توسط مغز خزنده انجام می‌شود.

این کار مغز خزنده است که در شرایط خاص به ما می‌گوید: یا بجنگ یا فرار کن تا زنده بمانیم!

کافیست چند دقیقه نفس خود را به زور حبس کنید تا ببینید که مغز خزنده فوراً وارد عمل می‌شود و برای اینکه زنده بمانید شما را مجبور می‌کند که نفس بکشید.

☞ مغز پستاندار

مغز دومی که در مورد آن صحبت می‌کنیم، مغز پستاندار است که بر روی مغز خزنده قرار گرفته و کارکرد آن بیشتر مباحث احساسی و عاطفی است. همه پستانداران این نوع از مغز را دارا هستند و کار آن کنترل عواطف و احساسات از جمله غم، شادی، آرامش، خشم و عشق و ... است.

تقریباً هر تصمیمی که در زندگی خود بخواهیم بگیریم، توسط مغز پستاندار یا همان مغز میانی صورت می‌گیرد و این تصوّر باطلی است که فکر کنیم می‌توانیم بدون احساسات تصمیم‌گیری نماییم.

تقریباً همه ما برای هر تصمیمی از احساسات خود استفاده می‌کنیم و مطمئنم که تحقیق دانشگاهی زیر می‌تواند به شما کمک کند تا از قدرت مغز پستاندار مطلع شوید.

در یک تحقیق علمی، فردی که در اثر سانحه‌ای پزشکی مغز پستاندار خود را از دست داده بود، حتی قادر نبود که از منوی غذا، غذای مورد علاقه خود را انتخاب کند این در حالی بود که وی می‌توانست غذاها را به سادگی بخواند و در مورد همه آنها به صورت واضح توضیح دهد و بگوید که کباب‌های مختلف از چه چیزی درست شده‌اند!

☞ مغز منطقی یا نئو کورتکس

آخرین قسمت از مغزهای سه‌گانه ما، مغز منطقی ماست که بر روی مغز پستاندار

قرار گرفته است و این مغز کار تحلیل و استدلال را برعهده دارد. عملاً تفاوت اصلی ما انسان‌ها از سایر موجودات، داشتن این بخش از مغز است که البته به مقدار قابل توجهی نیز از آن استفاده می‌کنیم.

همین الان که در حال مطالعه این کتاب هستید، مغز منطقی شماست که اطلاعات را دریافت می‌کند، آنها را تجزیه و تحلیل می‌کند و پس از دسته‌بندی به خاطر می‌سپارد.

☜ خواسته‌های متفاوت

حالا که با سه مغز اصلی خود آشنا شدیم لازم است بازهم تأکید کنم که هر کدام از این سه مغز به صورت جداگانه کار می‌کنند اما با هم! و نکته ناخوش‌آیند این است که خواسته‌های این سه مغز نیز کاملاً متفاوت است.

☜ خواسته‌های مغز خزنده

از آنجایی که کارکرد اصلی مغز خزنده، حفظ بقای ماست، یکی از مهم‌ترین فعالیت‌های آن این خواهد بود که تا حدّ ممکن انرژی ما را به صورت بهینه مصرف کند و عملاً از هر تلاشی که باعث استفاده از انرژی می‌شود جلوگیری کند. از همین رو تلاش می‌کند تا حدّ ممکن اطلاعات را فیلتر نماید تا به لایه‌های بالاتر مغز (میانی و منطقی) نرسد تا انرژی کمتری مصرف شود. لطفاً یک لحظه سکوت کنید و دقت کنید که چه صداهایی می‌شنوید؟

این صداها پیش از این نیز وجود داشتند و در محیط بودند و وارد گوش شما می‌شدند، اما مغز خزنده می‌گوید: «ولش کن! مهم نیست! انرژیت رو صرف این نکن!»

البته این موضوع بسیار خوب است و قطعاً لازم نیست که ما همه صداهای مختلف را می‌شنیدیم و مطمئناً اذیت می‌شدیم.

برای مغز خزنده مواردی اهمیت دارند که قصد دارم چند مورد را با شما به اشتراک بگذارم:

یکی از مهم‌ترین خواسته‌های مغز خزنده این است که متوجه شود آیا هر اتفاقی خطرناک است یا خیر؟ زیرا اولویت اول مغز خزنده ما این است که ما باید زنده بمانیم. به همین دلیل اگر کیسه پلاستیک مشکی و بلندی بر روی زمین حرکت کند، تقریباً همه لحظه‌ای می‌ترسیم و از جای خود بلند می‌شویم، چون فکر می‌کنیم

که ممکن اســت مار باشــد! اما بعــد از چند ثانیه توجه‌مان بــه این موضوع جلب می‌شــود که مثلاً ما در طبقه ۱۱ یک ساختمان هستیم و عملاً امکان ندارد که این جاندار اینجا حضور داشته باشد! اما نکته اینجاست که مغز خزنده کاری ندارد که این موضوع منطقی اســت یا خیر! برای همین واکنش نشان می‌دهد و ما از جایمان می‌پریم، فریاد می‌کشیم و البته بعد از چند ثانیه متوجه می‌شویم که داستان از چه قرار بوده!

مثال دیگر زمانی اســت که دســت ما به یک شــیء داغ برخــورد می‌کند و ما بلافاصله دســتمان را به عقب می‌کشــیم و بعد از چند ثانیه تازه دست ما شروع به سوختن می‌کند!

اگر به این موضوع دقت کرده باشید متوجه می‌شوید که این اطلاعات زودتر به قسمت‌های ســاده‌تر مغز می‌رسد و فوراً واکنش نشان می‌دهیم و بعد از کسری از ثانیه به مغز میانی که مرکز درد است منتقل می‌شود.

همچنین این مغز تنبل است! و دائماً در گوش شما می‌خواند: «نمیشه بعداً؟! حالا بعداً انجامش می‌دیم!»

ایــن مغز تا حدّ ممکن می‌خواهد که کار جدیدی انجام نشــود و تغییری نکنیم. چرا؟ چون وظیفه اصلی آن حفظ بقاســت و به همین دلیل باید مصرف انرژی مغز را (که بیشــترین میزان مصرف را در بدن دارد)، به کمترین مقدار ممکن برساند. بنابراین تا جایی که ممکن باشد، مغز خزنده به ما کمک می‌کند تا یک اهمال‌کار حرفه‌ای باشیم!

ســؤال بســیار مهمی که مغز خزنده همیشه از خودش می‌پرســد این است که: «چطور میشه هیچ چیزی تغییر نکنه؟ و شرایط همینطوری که هست باقی بمونه؟»

از شما می‌خواهیم که لطفاً از جای خود بلند شوید و به صورت ایستاده این کتاب را مطالعه کنید. لطفاً همین الان از جای خود بلند شوید و بایستید!

نمی‌دانم که الان ایســتاده‌اید یا نشســته؟ ولی اجازه بدهید به شــما بگویم که مغز خزنده چه می‌گوید؟ او می‌گوید: «نمی‌شــود از جایمان بلند نشویم؟ هیچ راه فراری نیســت؟» مغز میانی نیز دوســت دارد که اتفاقات جالب رخ بدهد و از همین رو می‌گوید: «خدا کند یک کار باحال انجام بدهیم و خوش بگذرد!»

نکتــه آخــر در مــورد مغز خزنده این اســت که این مغز تا حــدّ ممکن تلاش می‌کند تا مسائل را در همان گام اول حلّ و فصل کند و اجازه ندهد که مغزهای

بالاتر درگیر شوند (و از همین رو بسیاری از اوقات ما متوجه اهمال کاری خود نمی‌شویم!)

خواسته‌های مغز پستاندار

مغز پستاندار ما (که به آن مغز میانی یا عاطفی نیز می‌گویند) به این موضوع خیلی توجه دارد که آیا مقوله مورد بحث خسته کننده است یا جذاب است؟ او تا حدّ ممکن سعی می‌کند موضوعات غیر جذاب را فیلتر کند و فقط به موضوعات جالب توجه می‌کند. اگر می‌خواهید دقیقاً متوجه این موضوع بشوید، کافیست به انسانی که خسته کننده صحبت می‌کند توجه کنید. خواهید دید که مغز پستاندار شما تمام تلاش خود را می‌کند که به او توجه نکنید و تا حدّ ممکن حواس شما را پرت می‌کند. بنابراین، یکی از فعالیت‌های مغز میانی این است که اگر چیزی خسته کننده است، باید فیلتر شود.

نکته دیگری که در مورد خواسته‌های مغز پستاندار وجود دارد این است که این مغز از جزئیات بیش از اندازه فرار می‌کند و اصلاً به جزئیات تمایلی ندارد.

از آنجایی که این مغز تلاش خود را مبنی بر بردن بیشترین لذت می‌کند، به ما می‌گوید که کمترین میزان توجه و تمرکز را داشته باشیم و از توجه به یک موضوع تا حدّ ممکن جلوگیری می‌کند. (احتمالاً می‌توانید بشمارید که در ادامه مطالعه این کتاب مغز میانی چقدر تلاش می‌کند تا حواس شما از مطالعه این کتاب به موضوعات دیگر جلب شود.)

مورد دیگری که در اولویت‌های مغز عاطفی وجود دارد، این است که آیا این موضوع دوست داشتنی است یا خیر؟ در علم خطاهای شناختی، یکی از معروف‌ترین خطاها، اثر هاله‌ای است. خطای اثرهاله‌ای به این معناست که اگر ما یک ویژگی خوب یا بد در یک چیز یا کسی ببینیم، آن را به سایر ویژگی‌ها تعمیم می‌دهیم. مثلاً اگر کسی زیبا باشد، احتمالاً ذهن میانی ما می‌گوید باهوش و پولدار هم هست! یا مثلاً کسی که صدای خوبی از پشت تلفن داشته باشد، توقع داریم چهره زیبایی نیز داشته باشد!

به صورت خلاصه می‌توان گفت که عمده خواسته مغز پستاندار این است که همین‌جا و همین‌الان احساس خوبی داشته باشیم. (نه بعداً!)

خواسته‌های مغز منطقی

آخرین مغز، مغز منطقی است و از آنجایی که همه ما وقتی صحبت از مغز می‌کنیم دقیقاً منظورمان مغز منطقی است، بنابراین این بخش توضیحات زیادی را نمی‌طلبد. فقط کافیست به این موضوع اشاره کنم که این مغز به این موضوع فکر می‌کند که هر موضوعی آیا با عقل جور در می‌آید؟ منطقی است؟ برای من چه نفعی دارد؟ آیا به درد من می‌خورد؟ و ....

حال که با این سه مغز آشنا شدیم، لازم است با چند مثال شرایط را مرور کنیم. مثلاً امروز صبح که شما قصد بیدار شدن از خواب را داشتید، سه درگیری در مغز ایجاد می‌شود:

مغز خزنده می‌گوید: بخواب! بخواب لازمه انرژی داشته باشی!

مغز عاطفی می‌گوید: الان بخوابی بیشتر خوش می‌گذره؟ یا اگه بیدار بشی؟ (برای همین اگر قرار باشد سر کار برویم ترجیح می‌دهیم بخوابیم اما اگر با کسی که شریک عاطفی‌مان است، قرار گذاشته باشیم که به کوه برویم، ساعت ۵ صبح هم به سادگی از خواب بیدار می‌شویم!

مغز منطقی می‌گوید: امروز باید تلاش کنی و در جهت موفقیت قدم برداری و بهتر از دیروز باشی!

درگیری بین سه مغز

همانطور که می‌بینید در اینجا هر سه مغز سه خواسته کاملاً متفاوت دارند! و این کار ما را کمی سخت می‌کند! نکته وحشتناک این است که متأسفانه معمولاً زور مغز خزنده بیشتر از دو مغز دیگر است، مگر اینکه به مرحله خودآگاهی برسیم و سعی کنیم تا حدّ ممکن آن را تقویت کنیم.

پس از مغز خزنده، مغز پستاندار قدرت بیشتری دارد و در انتها نیز مغز منطقی. از همین رو است که وقتی تصمیم می‌گیریم یک کار درست را انجام دهیم (توسط مغز منطقی)، تمام وسوسه‌ها و لذت‌ها و ... به سراغ ما می‌آیند و البته اکثر مردم نیز تسلیم قدرت مغز خزنده و پستاندار می‌شوند.

برای اثبات این موضوع می‌توانید بسیار ساده به این مثال توجه کنید: همه می‌دانند که نوشابه ضرر دارد و اصلاً مفید نیست (مغز منطقی)، اما کمتر کسی است که می‌تواند جلوی وسوسه خود را بگیرد (مغز پستاندار).

تقریباً می‌توان گفت که ضرب‌المثل در یک اقلیم ۲ پادشاه نمی‌گنجد، در اینجا

بســیار جدی است و امکان ندارد که ما در یک لحظه بتوانیم هر سه مغز را راضی نگــه داریــم. پس می‌توانیم بفهمیم هر لحظه یکی از این ســه مغز بر ما فرماندهی می‌کنــد! در ادامه قصد دارم راهکارهایی کاملاً کاربردی برای مدیریت این ســه مغز را مطرح نمایم.

راهکارهای کنترل سه مغز برای جلوگیری از اهمال کاری

خودآگاهی

بــدون هیچ تردیــدی اولین و مهم‌تریــن کاری که می‌توانیم بــرای غلبه بر این وضعیت انجام دهیم این اســت که به مرحله آگاهی برســیم و واقعاً بدانیم که در ذهن ما چه اتفاقی در حال رخ دادن اســت. اینکه آگاه شویم هر رفتاری که انجام می‌دهیم کار کدام مغز است، به ما کمک می‌کند تا به مرحله آگاهی برسیم و البته باعث می‌شود که یک سری از فعالیت‌های اشتباه را انجام ندهیم.

به عنوان مثال وقتی در حال نوشــیدن نوشــابه هســتیم، یک لحظــه به این فکر می‌کنیم که این تصمیم مغز عاطفی است که لذت و مزه خوب را دوست دارد و به خودمان می‌آییم و می‌گوییم که: الان وقت این لذت بردن نیست و فوراً نوشابه را کنار می‌گذاریم و سکان هدایت خودمان را به مغز منطقی می‌سپاریم.

بنابراین وقتی که در حال انجام هر کاری هســتیم (حتی آن کار می‌تواند اهمال کاری باشــد) لازم است از خودمان بپرسیم که الان کدام‌یک از مغزهای ما سکان هدایت ما را به دست گرفته و لازم است که الان هدایت به دست کدام مغز باشد. هنگامی‌که به موضوعی آگاه می‌شویم، احتمال تسلط بر آن بسیار زیادتر از گذشته می‌شود.

لذت فقط به یک مغز

روش دومی که برای جلوگیری از اهمال کاری توصیه می‌شــود، این است که ما تصمیم بگیریم که در هر لحظه فقط به یک مغز اجازه فعالیت بدهیم و فقط سعی کنیم یک مغز از شرایط لذت ببرد.

مثلاً الان که در حال مطالعه کتاب هستید، قاعدتاً فقط مغز منطقی خوشحال است و مغز پستاندار و خزنده پیشنهادات بسیار جذاب‌تری دارند! اما شما الان فقط مغز منطقی را خوشحال می‌کنید و به دو مغز دیگر یادآوری می‌کنید که بعد ۳۰ دقیقه دیگر به یک تفریح خواهیم پرداخت و نظر شــما را نیز جلب می‌کنم. (اســتراحت

می‌کنم و بعد هم یک غذای خوش مزه می‌خورم!)

در حقیقت با این روش ما به مغز خود این عادت را می‌دهیم که به زودی نوبت هر مغزی می‌رسد و فقط کافیست که کمی صبر کنید.

بنابراین یادبگیریم که هیچگاه ســعی نکنیم هر ســه مغز را به صورت همزمان راضی نگه داریم و دائماً در حال تغییر روند بین آنها باشیم.

اقدامك:

در طول امروز یادداشت کنید که چه خواسته‌هایی را بر اساس نیاز مغزهای سه‌گانه خود انجام داده‌اید:

۱. خواسته‌های مغز منطقی

۲. خواسته‌های مغز پستاندار

۳. خواسته‌های مغز خزنده

امیدوارم دچار این اشتباه نشــده باشید که از دست مغز خزنده و مغز پستاندار خود ناراضی باشیــد. زیرا این دو اگر وجود نداشــتند، مطمئناً من و شــما نیز وجود نداشــتیم! زیرا نسل بشر به سادگی منقرض می‌شد و به همین دلیل لازم است که هر ســه مغز را به صورت بسیار عالی و حرفه‌ای مدیریت و مراقبت کنیم و مواظب باشیم که حق هیچ‌کدام پایمال نشود.

برای مثال مغز خزنده نیازهای زیر را دارد که باید حتماً جدی گرفته شود:
● حداقل ۷ ساعت خواب کافی
● تغذیه و آب کافی و مناسب
● فعالیت فیزیکی و ورزش
و مغز عاطفی نیز نیازهایی دارد که در ادامه به آن می‌پردازیم:
● داشتن لذت‌ها و تفریح‌های کوچک
● ارتباط با افراد دوست داشتنی (و رابطه عاطفی قوی)
● توجه به موضوعات غیر منطقی مثل هنر
و در انتها می‌پردازیم به نیازها و خواسته‌های مغز منطقی:
● مطالعه کردن و یادگیری مطالب جدید
● فکر کردن به موضوعات
● حل مسئله
البته این موارد فقط ۳ مثال بودند و مطمئناً شما می‌توانید برای هرکدام از این سه مغز، راهکارهای دیگری را نیز مطرح کنید. باید یادبگیریم که دائماً بین این ســه مغز در حال حرکت باشیم و در یک لحظه فقط به یکی از آنها توجه کنیم و یکی از آنها را راضی نگه داریم. بهترین بازه زمانی برای راضی نگه داشتن این مغزها بین ۴۵ تا ۹۰ دقیقه است و پس از آن لازم است که نوبت را به مغز دیگری بدهیم. بنابراین مثلاً وقتی یک مطالعه ۶۰ دقیقه‌ای داشتید، ۱۵ دقیقه استراحت کنید و کاری که مغز پستاندار و عاطفی شما دوست دارد انجام دهید، و پس از چند مرتبه تکــرار این روش با یک خواب خوب و با کیفیــت، مغز خزنده را به صورت کامل در گیر کنید.

به عنوان نکته پایانی در این رابطه باید بگویم که بهترین شیوه مدیریت این سه مغز، آگاه شدن به آنها و توجه به رفتارهای روزانه ماست که امیدوارم با توجه به این سه موضوع بتوانیم بسیار عالی‌تر بر اهمال‌کاری‌های خود غلبه کنیم.

پیوست ویژه مدیران

همـواره برای مدیران یک دغدغه و نگرانی بزرگ وجود دارد و آن کنترل زمان اسـت. همه ما مدیرانی را دیده‌ایم- یا خودمان جزء آن گروه هسـتیم- که از نبود وقت می‌نالند و اعتقاد دارند که وقت آنها برای چیزهای کوچک گرفته شده است.

از همین رو، در این پیوسـت از کتاب قصد دارم راهکارهایی کاربردی را جهت مدیریت زمان برای مدیران ارائه نمایم.

مدیریت زمان با فن بیان

همه مـا در زندگی اجتماعی و کاری خود با افرادی مواجه هسـتیم که «زمان» برایشـان بازیچه‌ای بیش نیست! افرادی که هیچ اهمیتی به زمان ما نمی‌دهند و به کلی مدیریت زمان ما را از بین می‌برند و اجازه نمی‌دهند طبق برنامه و روال خود پیش برویم.

چنین افرادی اعتقاد دارند که: «حالا ده دقیقه منتظر ما بمونه هیچی نمیشـه! یه کم استراحت می‌کنه و دور می‌زنه!»

کار کردن و قرار گذاشتن با چنین افرادی معمولاً باعث می‌شود که روز کاری‌مان را از دست بدهیم و یا وقت و انرژی بیش از اندازه‌ای صرف کنیم. به احتمال زیاد نزد دیگران نیز بی‌اعتبار خواهیم شد، زیرا برنامه ما نیز به هم خواهد خورد.

در اینجـا چند ترفند ارائه می‌شـود که ما با مهارت‌های بیانـی خود بتوانیم این اتلاف وقت‌های بیهوده را به حداقل میزان ممکن برسانیم. مثلاً وقتی می‌خواهیم با فردی قرار ملاقات یا جلسه‌ای داشته باشیم، چطور رفتار نماییم که آن فرد خودش را ملزم بداند در آن جلسه، به موقع حضور پیدا کند.

استفاده از ساعت دقیق

ما در فرهنگ عامیانه مفهومی بسـیار پیچیده داریم به اسـم «پَن دِیقِه» که در حقیقت همان «پنج دقیقه» اسـت! معمولاً این عبارت می‌تواند معنی بین ۳۰ ثانیه

الی ۱۹۵ دقیقه داشته باشد!

یعنی اگر کسی گفت «پَن دِیقِه» دیگه بهت زنگ می‌زنم، یعنی ممکن است از ۳۰ ثانیه دیگر تا ۴ ساعت دیگر با ما تماس بگیرد!

مقوله دیگر این است که وقتی دوستمان می‌گوید: «من چار- چارونیم میام پیشت» به این معنی است که اگر تا ساعت ۵ هم منتظر ماندیم، کاملاً طبیعی خواهد بود.

به همین دلیل شاید لازم باشد که ما با بیان تفاوتی خاص، دقت زمان‌ها را مطرح کنیم. برای مثال، شاید اگر کسی گفت که پَن دِیقِه دیگه زنگ می‌زنم، بسیار عالی خواهد بود اگر بگوییم که یعنی دقیقاً ۵ دقیقه؟ یا اینکه ممکن است به ۱۰ دقیقه هم برسد؟ در این صورت معمولاً از جواب شخص متحیر خواهید شد، زیرا معمولاً زمانی که گفته می‌شود، چیزی بیش از ۳۰ دقیقه خواهد بود!

مثال دیگر این است که به جای گفتن این عبارت که من چار- چارونیم منتظرت هستم، باید بگوییم: من رأس چهار و ده دقیقه منتظر شما هستم یا من به مسئول دفترم می‌گویم که رأس ساعت چهار و ده دقیقه برای شما وقتی را ثبت نماید.

کاری که ما در اینجا انجام دادیم، این است که زمان را دقیق و با استفاده از واژه «رأس» بیان می‌کنیم. (شاید برایتان جالب باشد که در کشورهایی همچون ژاپن قرارها معمولاً دقیق تعیین می‌شوند، مثلاً چهارو شش دقیقه! یعنی با دقت دقیقه!)

برنامه خود را مشخص اعلام کنید

متأسفانه بعضی از افراد تصور می‌کنند که ما کلاً بیکار هستیم و تمام وقت ما در اختیار آنها است. بنابراین لازم است که در قرارهای ملاقات، انتهای قرار را مشخص کنیم.

مثلاً ساعت ده صبح قرار ملاقاتی داریم. اگر انتهای قرار را مشخص نکنیم، جلسه به این صورت آغاز می‌شود که یک ساعت اول به احوال‌پرسی و صحبت‌های متفرقه می‌گذرد: ساعت دوم صحبت‌های کاری؛ ساعت سوم غیبت کردن پشت رقبا؛ ساعت چهارم حال و احوال؛ ساعت پنجم بیان مشکلات و ساعت ششم اینکه هوا چقدر زود تاریک می‌شه!

بنابراین اگر می‌خواهیم قراری را تنظیم کنیم، حتماً باید بسیار دقیق برنامه بعدی خود را به شخص اعلام کنیم تا شخص بداند که دچار محدودیت زمانی است. برای مثال به یک نمونه گفتگوی نیمه صمیمی توجه کنید:

آقای یامچی عزیز من اولین برنامه‌ام صبح ســاعت ۱۰ آغاز می‌شود و قرار ما تا آن ساعت باید تمام شده باشد. شما فکر می‌کنید که ما چقدر زمان برای صحبتمان لازم داریم؟

معمولاً اکثر افراد در این مواقع نخواهند گفت که چهار ساعت زمان لازم داریم! و معمولاً یک زمانِ نسبتاً معقول و حتی کمتر از حالت استاندارد را می‌گویند و مثلاً اعلام می‌کنند که حدود ۴۵ دقیقه زمان نیاز داریم.

سپس من پیشــنهاد می‌دهم که چون ممکن است قرار بیشتر طول بکشد، ما آن را ۶۰ دقیقه در نظر بگیریم تا رأس ساعت ۱۰ به برنامه بعدی خود برسم.در این صورت شــخص می‌داند که اگر دیر به جلســه برسد، بخشــی از زمان جلسه را از دست خواهد داد.

✎ تکرار انتهای مکالمه

یکی از اتفاقات بســیار شایع این است که افراد در ابتدای مکالمه خود قرارها و زمان‌بندی‌هــا را انجام می‌دهند، بعد از آن در مورد چند موضوع دیگر نیز صحبت می‌کنند و در انتها اصلاً آن توضیحات و اعداد فراموش می‌شود و هر کدام از طرفین یک عدد و توضیحی در ذهن خود دارد!

بنابراین لازم است که در انتهای تلفن حتماً جمع‌بندی را انجام دهیم. برای مثال می‌توانیم در انتهای صحبت بگوییم که:

– خیلی متشکرم آقای یامچی عزیز. ان‌شاءالله من روز چهارشنبه ساعت ده شما را ملاقات می‌کنم.

– یا بی‌صبرانه منتظر روز چهارشنبه ساعت ده هستم تا شما را ملاقات کنم.

– یا خدانگهدار تا چهارشنبه ساعت ده.

✎ یادآوری پیامکی

برخی، بی‌توجه هستند و قرارهایشان را یادداشت نمی‌کنند و آنها به کلی فراموش می‌شوند. ارسال پیامک یادآوری، از بروز این مشکل جلوگیری می‌کند. به این صورت که یک روز قبل و دو ساعت قبل از زمان قرار ملاقات، پیامکی مبنی بر یادآوری قرار، محل و زمان جلسه ارسال می‌کنیم تا از بابت همه چیز مطمئن باشیم.

البته انجام این کار وابسته به جایگاه ما و جایگاه فردی است که با او قرار داریم. و شاید در هر شرایطی نتوان این کار را انجام داد.

اصل سازگاری

در یکـــی از دوره‌های آموزشـــی غیر حضوری وب‌ســـایتم، به نـــام «فتح قلّه‌های متقاعدســـازی» در رابطه با اصل سازگاری بیان کردم: مردم دوست دارند راجع به تفکری که نسبت به خودشان دارند، رفتارهایشان را بروز دهند. یعنی می‌خواهند رفتارها منطبق با تفکراتشان باشد.

مثلاً اگر شخص مقابل ما یک مدیر است، می‌توانیم این طور بگوییم:

آقای یامچی من می‌دانم که شـــما مدیر هستید و مدیران پر مشغله‌ای مثل شما وقتشـــان بســـیار با ارزش است. پس باید خدمت شـــما عرض کنم که این خیابان (منظور محل قرار ملاقات اســـت) ترافیک بسیار شـــدیدی دارد. از همین رو حتماً توجه کنید تا در برنامه شما تداخلی ایجاد نشود.

در چنین شـــرایطی خواهید دیـــد که فرد، خود را در شـــرایطی قرار می‌دهد که مدیریـــت زمان را لحاظ کند. زیرا در صورت تخطی از این موضوع، به مدیر بودن او خدشه وارد می‌شود.

بیان مشکلات خاص

چهار سال پیش دفتر کارم در میرداماد بود که جای پارک پیدا نمی‌شد. بنابراین همواره من پای تلفن می‌گفتم لطف کنید اگر با اتومبیل شخصی تشریف می‌آورید، ۲۰ دقیقـــه وقت برای پیدا کردن جا پارک و رســـیدن بـــه محل دفتر ما تدارک ببینید! و معمولاً افراد سر موقع به جلسه می‌رسیدند. بنابراین حتماً باید نکات خاص را متذکر شـــویم. برای مثال، اگر از لاین کنـــدرو حرکت نکنید و ورودی آن را رد کنید، حداقل ۴۰ دقیقه با تأخیر مواجه خواهید شد.

قاطعیت به خرج دهید

اگر فرد با تمام این ترفندهایی که شما به کار بستید باز هم بی‌توجه بود، حتماً در زمانتان دقت نظر داشـــته باشـــید و قاطعیت به خرج دهید. رأس آن ســـاعتی که قرار گذاشـــتید، برنامه را به پایان برسانید. با این کار، به احتمال بسیار زیاد، دیگر چنین مشـــکلی پیش نخواهد آمد. این دقیقاً کاری اســـت که ما همواره در سمینارهایمان انجام می‌دهیم. ما در همه سمینارها و برنامه‌هایمان، در پیامکی به شرکت‌کنندگان اعلام می‌کنیم که شما می‌توانید نیم ساعت زودتر بیایید تا یک فیلم آموزشـــی ببینید و وقت شما تلف نشـــود. همچنین ما ده دقیقه بعد از شروع

کلاس، درب سالن را خواهیم بست و چه بهتر که شما رأس ساعت مقرر حضور داشته باشید.

> به اعتقاد من این یك اشتباه بزرگ‌تر است که ما به عنوان فردی که اهمیت وقت را می‌داند، با منتظر ماندن برای افرادی که تأخیر دارند، به کسانی که به موقع حضور داشتند بی‌احترامی کنیم.

واسپاری کارها

راهکار فوق‌العاده دیگری که به تمام مدیران پیشنهاد می‌کنم این است که تا حدّ ممکن خود را برای واسپاری کارها به دیگران آماده کنند.

متأسـفانه اکثر مدیــران در حال انجام کارهای تکراری و بسـیار پیش پا افتاده هسـتند که اصلاً مناسـب جایگاه یک مدیر نیسـت و یک کارمند بسـیار ساده و تازه‌کار نیز می‌تواند آنها را انجام دهد. اما به دلیل اینکه ما مهارت‌های واسـپاری کارها را نمی‌شناسیم، در انجام آن اهمال‌کاری می‌کنیم.

در مورد این موضوع کتاب‌های بسـیار زیادی نوشـته شـده اسـت که پیشنهاد می‌کنـم حتماً کتاب «افسـانه کارآفرینی» از مایکل گربـر، و همچنین «واگذاری کارها» از برایان تریسی را مطالعه کنید.

سخن پایانی

پیش از انتشـار این کتاب، محتوای آن به صدها نفر آموزش داده شـده و اکثر ایـن افراد از نتایجی کـه در زندگی آنها رقم خورده برای ما صحبت کرده‌اند. برخی نیـز بعد از خوانـدن این کتـاب، هیچ اقدامـی نکرده‌انـد و در نتیجه هیچ تغییری در زندگی آنها رخ نداده است.

اکنون تصمیم با شماست که فقط خواننده این کتاب باشید، یا عمل کننده به اصول آن. امیدوارم شـما جزء گروه دوم باشـید و خوشـحال می‌شـوم که خبرهای موفقیتتان را از طریق روش‌های ارتباطی زیر با من به اشتراک بگذارید:

site@bahrampoor.com

و شماره تلفن:

۰۲۱۴۴۶۲۶۱۴۰

تقدیر و تشکر

همیشه عادت دارم در نوشته‌هایم، از دوستانی که در نگارش کتاب‌هایم به من کمک کرده‌اند، در انتهای کتاب تشکر کنم تا خوانندگان پس از مطالعه کامل آن، از اهمیت نقش آنها مطلع شوند. از همین رو تشکر می کنم از:

گروه بزرگ ویراستاری

از آنها برای ویرایش پایانی آن کمک خواستم. ۷۹ نفر از عزیزان با محبت بسیار زیاد و با دقت وصف ناپذیری نسخه الکترونیکی کتاب را مرور کردند و اشکالات را به من گفتند و متوجه شدم که چقدر در نگارش متن مشکل دارم!! واقعاً نمی‌دانم چطور از این عزیزان تشکر کنم، و حقیقتاً خجالت می کشم که لطف بی دریغ این بزرگواران را نمی توانم جبران کنم. فقط می توانم به اشاره‌ای به نام این عزیزانِ دوست داشتنی بسنده کنم:

مسعود احسانی، الهام احمدی، علی اسکندری، عباس اسماعیل زاده، افشین اشراقی، لادن بروشان، مینا بهاء، حسین بهادربیگی، زهرا بیات، زینب پهلوان، ناصر تالی، عاطفه ترکمن، اعظم ترکی، بهنام تک دهقان، سهراب جمالی، کیانوش حسن زاده، فخرالسادات حسینی رضوی، محمدرضا خاکپور، پویان خالقی‌نیا، مریم رحمانی، مرضیه رحیمی پور، هاجر رستمی نیا، سکینه رضایی سیروس، محمدحسین رضائیان، حسین رمضانی، محسن روشن بین، مینو زارع، سمانه زارع، امیر زارع پور، جلال زارعیان، زینب زمانی کیا، عرفان زند، حامد زینعلی تاجانی، راضیه زیورعام، سعیده سالاری، حمید سلمانی ندوشن، مهری سادات سلیم بیاتی، فاطمه سیفی، سعید شریف اوغلی، فهیمه شریفی، حسین صادقی، گلدیس صفری، مهدی عبادات، هادی عبدیان، فریبا عسگری، وهب عظیم زاده، سید محمد امین علوی نژاد، فائزه فاطمی نژاد، اکبر فتحی، یاسمن فلاحپور، پروانه فیض الهی، محمد قاسم مودت، رضوانه قاسم نژاد، محمد صادق قاسمی سوستانی، امیرحسین قاضی، کیوان قدیمی، معصومه قربانی برزگر، مریم قصاب زاده، سیحون کامگار، تهمینه کریم زایی، ولی الله کریمی، مهدی کلاهی، فریدون لازر، محبوبه مجیدی زاده، سیدعلی محمد حسینی شحنه، عباس مردی، رضا مسافری جعفرآبادی، ولی اله ملک پور، آرین میرمیرانی، شهریار ناصح، زهرا ناصری، فاطمه نژادحسن، شایسته نصیحت، نادر نوروزی، هادی نومیری، اکرم نیشابوری، هدا ملازیی، آرشام هنرکار، علی یکانی، فاطمه سادات سلیم بیاتی، سید احمدرضا صفوی، محمد جواد دهقان‌پور و مهدی پاشایی

نادیا پوروقار همسرِ مهربان و همراهم
که اگر نبود مطمئنم که این کتاب هم نبود و واقعاً از او بینهایت ممنونم.

دکتر علیرضا شیری، استاد و دوست عزیزم
که ایده اصلی نگارش این کتاب را مدیون ایشان هستم و البته نظرات بسیار دقیقی که به کتاب داشتند.

حدیث رحمانی، همکار پرتلاشم
که سرویراستار این کتاب است و با حوصله و دقتی وصف نشدنی، ویرایش تمام ۷۹ نفر گروه ویراستاری را مطالعه، گردآوری و اصلاح کرد.

غلامرضا نخستین تقوی، ناشر خوش ذوق این کتاب
که آرزو می کنم ای کاش همه ناشران کشورم، همچون ایشان دقیق و خوش ذوق و مسئولیت پذیر بودند.

سرکار خانم غلامی، طراح بینظیر
که با وسواسی مهربانانه جلد این کتاب را طراحی کردند.

سرکار خانم پروین شیر بیشه، مشاور کتاب‌نویس
که با علاقه و دقت فراوان، کتاب «از شنبه» را مجدداً ویراستاری نمودند.

و البته ...
دوستان عزیز و بزرگواری که اگر بخواهم از آنها تشکر کنم، نیاز به یک کتاب جداگانه خواهد بود و از همین رو به ذکر نام این عزیزان بسنده می کنم. خانم‌ها شادی قلی‌پور، فاطمه خسروی و آقایان رضا کاشانی، سید مهدی فخری، امیرحسین نعماوی زاده و محمدرضا حبیبی

چند کتاب پیشنهاد سردبیر انتشارات برای شما

برای تهیه کتاب ها از آمازون یا وبسایت انتشارات می توانید بارکدهای زیر را اسکن کنید

kphclub.com

Amazon.com

Kidsocado Publishing House
خانه انتشارات کیدزوکادو
ونکوور، کانادا

تلفن : ۸۶۵۴ ۶۳۳ (۸۳۳) ۱+
واتس آپ: ۷۲۴۸ ۳۳۳ (۲۳۶) ۱+
ایمیل:info@kidsocado.com
وبسایت انتشارات: https://kidsocadopublishinghouse.com
وبسایت فروشگاه: https://kphclub.com